Breuer · Übungsbuch Unternehmerisches Währungsmanagement

Wolfgang Breuer

Übungsbuch Unternehmerisches Währungsmanagement

GABLER

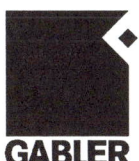

Professor Dr. Wolfgang Breuer lehrt Internationales Finanzmanagement an der Rheinischen Friedrich-Wilhelms-Universität Bonn.

Die Deutsche Bibliothek - CIP-Einheitsaufnahme

Breuer, Wolfgang:
Übungsbuch Unternehmerisches Währungsmanagement
/ Wolfgang Breuer. - Wiesbaden : Gabler, 1999
    ISBN 3-409-11515-3

Alle Rechte vorbehalten.

Der Gabler Verlag ist ein Unternehmen der Bertelsmann Fachinformation GmbH.

© Betriebswirtschaftlicher Verlag Dr. Th. Gabler GmbH, Wiesbaden 1999
Lektorat: Jutta Hauser-Fahr / Ralf Wettlaufer / Renate Schilling

Das Werk einschließlich aller seiner Teile ist urheberrechtlich geschützt. Jede Verwertung außerhalb der engen Grenzen des Urheberrechtsgesetzes ist ohne Zustimmung des Verlages unzulässig und strafbar. Das gilt insbesondere für Vervielfältigungen, Übersetzungen, Mikroverfilmungen und die Einspeicherung und Verarbeitung in elektronischen Systemen.

http://www.gabler.de

Höchste inhaltliche und technische Qualität unserer Produkte ist unser Ziel. Bei der Produktion und Verbreitung unserer Bücher wollen wir die Umwelt schonen: Dieses Werk ist auf säurefreiem und chlorfrei gebleichtem Papier gedruckt. Die Einschweißfolie besteht aus Polyäthylen und damit aus organischen Grundstoffen, die weder bei der Herstellung noch bei der Verbrennung Schadstoffe freisetzen.

Die Wiedergabe von Gebrauchsnamen, Handelsnamen, Warenbezeichnungen usw. in diesem Werk berechtigt auch ohne besondere Kennzeichnung nicht zu der Annahme, dass solche Namen im Sinne der Warenzeichen- und Markenschutz-Gesetzgebung als frei zu betrachten wären und daher von jedermann benutzt werden dürften.

Druck und Buchbinder: Hubert & Co., Göttingen
Printed in Germany

ISBN 3-409-11515-3

Vorwort

Während es etwa im Rahmen der Investitionstheorie eine ganze Reihe von Übungsbüchern gibt, liegt Vergleichbares für Fragen des Währungsmanagements meines Wissens nicht vor. Dies veranlaßte mich zum Verfassen des vorliegenden Buchs.

Anknüpfungspunkt sind die 36 Aufgaben meines 1997 erschienenen Lehrbuchs "Unternehmerisches Währungsmanagement", die dort noch ohne Lösung präsentiert wurden. Dabei wurde zugleich die Gelegenheit genutzt, den Aufgabentext zum Teil genauer zu formulieren oder von Tippfehlern zu bereinigen. Überdies wurden in dieses Übungsbuch einige weitere Aufgaben aufgenommen, die sich nicht im zugehörigen Lehrbuch finden. Teilweise sind diese alten Klausuren entnommen, die ich in den letzten Jahren an der Universität Bonn als Abschlußprüfung zu meiner Vorlesung "Internationales Finanzmanagement" gestellt habe. Bei den entsprechenden Aufgaben ist dann zusätzlich vermerkt, wieviel Zeit zu deren Bearbeitung jeweils zur Verfügung stand. Insgesamt liegen somit nun 45 Aufgaben mit Lösungen vor.

Die hier zu erörternden Aufgaben dienen dabei nicht nur der Wiederholung des Lehrbuchstoffs, sondern sehr häufig auch zu dessen Vertiefung, indem auf Probleme eingegangen wird, die im Rahmen des Lehrbuchs aus Platzgründen nicht näher behandelt werden konnten. Insofern hat auch das vorliegende Übungsbuch wenigstens partiell den Charakter eines (weiteren) Lehrbuchs. Gleichwohl ist das Übungsbuch in erster Linie zur Unterstützung einer Vorlesung auf der Grundlage des zugehörigen Lehrbuchs "Unternehmerisches Währungsmanagement" gedacht und deshalb auch ebenso gegliedert. Entsprechend häufig finden sich Verweise auf dieses Lehrbuch. Wenn im weiteren von "dem Lehrbuch" die Rede ist, ist daher stets "Unternehmerisches Währungsmanagement" in der Ausgabe von 1997 gemeint.

Trotz der Einführung des Euro zum 1.1.1999 habe ich die Aufgaben zunächst noch mit DM als Heimatwährung belassen. Erstens ist 1 DM nun schlicht als Kurzschreibweise für $1/1{,}95583 \approx 0{,}51129$ Euro aufzufassen. Zweitens sind die in den Aufgaben verwendeten Zahlen ohnehin völlig willkürlich gewählt, so daß die bloße Bezeichnung der Inlandswährung beliebig austauschbar ist. Drittens sollte die Darstellung analog zum Lehrbuch gehalten werden, und da ist auch noch die DM die maßgebliche Inlandswährung.

Während der Erstellung dieses Übungsbuches wurde unsere zweite Tochter Franziska geboren. Da Clara, die erste, während der Vollendung des zugehörigen Lehrbuchs auf die Welt kam, dürfte dies mehr als angemessen sein. Zu hoffen bleibt nur, daß sich für etwaige Folgebücher von meiner Seite zum Bereich des internationalen Finanzmanagements diese Koinzidenz nicht fortsetzt. In Übereinstimmung mit meiner Frau kann ich nämlich wenigstens die bislang realisierte Kinderzahl von 2 als (subjektiv) optimal bezeichnen, während diese Zahl für Buchveröffentlichungen eher höher liegen dürfte.

Schließlich möchte ich mich noch bei Frau Annegret Ruston, BA (Hons), für das Erstellen der beiden Abbildungen dieses Buches bedanken. Herr Dipl.-Vw. Daniel Mahayni hat dankenswerterweise das Korrekturlesen des Manuskripts übernommen.

Wolfgang Breuer

Inhaltsverzeichnis

Vorwort V

Verzeichnis wichtiger Symbole von Lehr- und Übungsbuch IX

I. **Devisenmarkt und Wechselkurs** 1
   1. Grundlagen 1
   2. Internationale Paritätsbeziehungen 7
   3. Finanzmarkttheoretische Ansätze zur Wechselkurserklärung 16

II. **Grundlagen unternehmerischen Währungsmanagements** 27
   1. Das Numéraire-Problem 27
   2. Wechselkursrisiko, Hedging und Spekulation 39
   3. Kurssicherungsinstrumente 48
   4. Ein Zwei-Fonds-Theorem und das Exposure-Konzept 56

III. **Analyse konkreter Absicherungsprobleme** 69
   1. Hedging mit Forwards und Futures 69
   2. Hedging mit Devisenoptionen 81
   3. Hedging bei internationalen Ausschreibungen 97
   4. Kurzfristig revolvierendes Hedging 112
   5. Hedging, Spekulation und Produktion 121

Literaturverzeichnis 137

Verzeichnis wichtiger Symbole von Lehr- und Übungsbuch

α	Risikoaversionsparameter
β	Regressionskoeffizient
$\tilde{\gamma}$	*Bernoulli*-verteilte Zufallsvariable
$\tilde{\epsilon}$	Störterm
$\tilde{\eta}_{t,T}$	Basis eines Zeitpunktes t per Termin T
$\tilde{\kappa}$	(ungewisser) Kapitalwert
μ	Erwartungswert einer Zufallsvariablen
$\tilde{\nu}$	(u.U. ungewisser) Realzinssatz; ungewisser Zeitpunkt des Eingangs einer Fremdwährungszahlung
π	Inflationsrate
ρ	Korrelationskoeffizient zweier Zufallsvariablen
σ	Standardabweichung einer Zufallsvariablen
$\sigma^{(i,j)}$	Kovarianz zwischen zwei Zufallsvariablen $\tilde{z}^{(i)}$ und $\tilde{z}^{(j)}$
σ^2	Varianz einer Zufallsvariablen
τ	Produktions- oder Konsummenge
ϕ	Eintrittswahrscheinlichkeit
$\Phi(\cdot)$	Präferenzfunktion
A	Geldbetrag in Inlandswährung; Gebot in Fremdwährung bei internationaler Ausschreibung
$\tilde{d}_t$	Einzahlung in Inlandswährung in einem Zeitpunkt t
$\tilde{e}_t$	Einzahlung in Fremdwährung in einem Zeitpunkt t
I	Anzahl betrachteter Kurssicherungsinstrumente
$K(\cdot)$	Kostenfunktion
p	(Güter-) Preis, (Options-) Prämie
P	Preisniveau
q	Gewichtungsfaktor
r	Kalkulationszinsfuß, (Nominal-) Zinssatz für sichere Anlage/Verschuldung
$s^{(n)}$	n-ter Zustand

$u(\cdot)$	Nutzenfunktion
$V(\cdot)$	Marktbewertungsfunktion
$\tilde{w}_t$	Kassawechselkurs im Zeitpunkt t
$w^{(a)}$	Ausübungskurs einer Devisenoption
$w^{(f)}_{t,T}$	Terminkurs im Zeitpunkt t per Termin T (u.U. ungewiß)
x	Anzahl per Termin verkaufter Devisen; Umfang der Inanspruchnahme eines normierten Kurssicherungsinstruments
y	Anzahl erworbener Devisenoptionen
$\tilde{z}_{Fo1}$	Kumulierte Einzahlung aus einem normierten Devisenforwardgeschäft bis $t = 1$
$\tilde{z}_{Fu1}$	Kumulierte Einzahlung aus einem normierten Devisenfuturesgeschäft bis $t = 1$
$\tilde{z}_{C1}$	Kumulierte Einzahlung aus dem Erwerb einer normierten Devisenkaufoption bis $t = 1$
$\tilde{z}_{P1}$	Kumulierte Einzahlung aus dem Erwerb einer normierten Devisenverkaufsoption bis $t = 1$
$\tilde{z}_T$	Kumulierte Einzahlung in Inlandswährung bis T
$\tilde{z}_T^{(K)}$	Kumulierte Einzahlung in Inlandswährung bis T unter Berücksichtigung von Kurssicherungsmaßnahmen
$\tilde{z}_t^+$	Einzahlung in Inlandswährung in einem Zeitpunkt t

Ungewisse Größen sind generell durch Tilden (~) gekennzeichnet, Optimallösungen durch hochgestelltes "*". Hedging-Maßnahmen sind durch hochgestelltes "(H)", Spekulationsmaßnahmen durch hochgestelltes "(S)" bezeichnet. "ME" steht für "Mengeneinheit". Brüche der Form a/b·c sind gleichbedeutend zu (a/b)·c und demnach nicht identisch zu a/(b·c).

I. Devisenmarkt und Wechselkurs

1 Grundlagen

Übungsaufgaben

Aufgabe 1:
Vorausgesetzt sei ein System der Goldkernwährungen gemäß den im Abschnitt 1.2.2 aus Kapitel II. des Lehrbuchs auf S. 13 ff. gesetzten Prämissen. Insbesondere bezeichne c die konstanten Transaktionskosten in DM, die beim Transport von Gold im Wert von 1 DM von Deutschland in die USA oder umgekehrt anfallen. Zeigen Sie, daß damit zwischen Wechselkursparität w_P und Goldimportpunkt w_I die Beziehung $w_I = w_P \cdot (1-c)$ gilt! Betrachten Sie zu diesem Zweck einen US-Amerikaner, der in seiner Heimat 1 US-$ in Gold eintauscht, nach Deutschland transportiert und dort das Gold gegen DM tauscht, die anschließend am Devisenmarkt wieder gegen US-$ umgewechselt werden!

Aufgabe 2:
Gegeben sei ein System der Goldkernwährungen. In Deutschland sei der Preis von 1 ME Gold 2 DM. Für 1 US-$ erhält man in den USA 4 ME Gold. Kann der Wechselkurs zwischen DM und US-$ im Devisenmarktgleichgewicht 10 DM/US-$ betragen, wenn sich die Transaktionskosten des Goldimports und -exports auf jeweils 2 DM je transferiertem US-$ Gold belaufen? Warum ist zur Beantwortung der Frage die Ermittlung des Goldexportpunktes hinreichend?

Aufgabe 3: (20 min)
Es sei angenommen, daß sich die US-amerikanische Notenbank verpflichtet hat, US-$ in beliebigem Umfang zum Kurs von 2 US-$/ME gegen Gold zu erwerben oder zu veräußern. In entsprechender Weise sei die deutsche Zentralbank bereit, DM gegen einen Kurs von 3 DM/ME gegen Gold zu verkaufen oder anzunehmen. Der Transport von Gold von Deutschland in die USA oder umgekehrt verursache Transaktionskosten in Höhe von 0,2 ME Gold für jede transferierte ME

Gold, wobei diese Kosten aus der transferierten Goldmenge zu zahlen sind. Ermitteln Sie Goldexport- und Goldimportpunkt!

Aufgabe 4:

Eine Unternehmerin habe in einem zukünftigen Zeitpunkt t = 1 Auszahlungen sowohl in DM als auch US-$ zu leisten. Der Wechselkurs w_0 des Zeitpunkts t = 0 belaufe sich auf 1 DM/US-$. In der Zukunft seien drei verschiedene Umweltzustände mit gleicher Wahrscheinlichkeit möglich. Im Zustand $s^{(1)}$ belaufen sich die Zahlungsverpflichtungen der Unternehmerin auf 100 DM und 400 US-$, im Zustand $s^{(2)}$ auf 200 DM und 600 US-$ und im Zustand $s^{(3)}$ schließlich auf 300 DM und 200 US-$.

1) Die Unternehmerin möchte mit einer Wahrscheinlichkeit von ⅔ ihren Zahlungsverpflichtungen sowohl in DM als auch in US-$ nachkommen können. Wieviel DM und wieviel US-$ sollte die Unternehmerin zu diesem Zweck von t = 0 bis t = 1 zinslos in Kasse halten, wenn von der Möglichkeit der Währungsumwechslung in t = 1 abgesehen wird und das Gesamtausmaß der unternehmerischen Vorsichtskasse aus Sicht von t = 0 minimiert werden soll?
2) In Abwandlung von 1) sei nun unterstellt, daß DM und US-$ in t = 0 durch eine neue gemeinsame Währung, die US-Mark, ersetzt werden. Alle DM- und US-$-Verbindlichkeiten werden dabei im Verhältnis 1:1 in US-Mark umgerechnet. Wieviel US-Mark muß die Unternehmerin nun von t = 0 bis t = 1 zinslos in Kasse halten, um mit einer Wahrscheinlichkeit von ⅔ in t = 1 zahlungsfähig zu sein?
3) Inwiefern veranschaulicht dieses Beispiel, daß durch die Schaffung einer Währungsunion Opportunitätskosten im Zusammenhang mit dem Halten niedrig verzinslicher Vorsichtskasse eingespart werden können?

Lösungen

Aufgabe 1:

Ausgangspunkt der Betrachtung ist 1 US-$, der in den USA gegen τ_{US} ME Gold eingetauscht wird. Wenn man in Deutschland für τ_{DM} ME Gold 1 DM erhält, dann ist der DM-Wert von τ_{US} ME Gold (unter Vernachlässigung von Transaktionskosten) τ_{US}/τ_{DM}. Das Verhältnis τ_{US}/τ_{DM} ist dabei gerade gleich der Wechselkursparität w_P auf der Grundlage der Goldparitäten, da 1 US-$ in Gold äquivalent zu τ_{US}/τ_{DM} DM in Gold ist.

Annahmegemäß fallen beim Transport von Gold von den USA nach Deutschland Transaktionskosten in DM an, deren Berechnung sich als ein bestimmter Anteil c des DM-Gegenwertes des transportierten Goldes bestimmt und sich daher hier auf $c \cdot w_P$ DM beläuft. Insgesamt verbleibt nach Umtausch des nach Deutschland transferierten Goldes und unter Beachtung der anfallenden Transaktionskosten noch ein DM-Erlös von $(1-c) \cdot w_P$. Am Devisenmarkt sind dafür $(1-c) \cdot w_P/w$ US-$ erhältlich. Der Goldtransfer hat sich gelohnt, wenn der zuletzt genannte Betrag größer als 1 US-$ ist. Es muß also gelten:

$$(1-c) \cdot \frac{w_P}{w} > 1 \tag{1}$$
$$\Leftrightarrow w < (1-c) \cdot w_P.$$

Die rechte Seite der zweiten Ungleichung aus (1) beschreibt den gesuchten Goldimportpunkt, denn für alle Wechselkurse unterhalb dieses kritischen Wertes lohnt sich der Transfer von Gold aus den USA nach Deutschland.

Statt eines US-Amerikaners, der Gold nach Deutschland transportiert, hätte man im übrigen auch einen Deutschen betrachten können, der für 1 US-$ in den USA Gold erwirbt und dann ebenfalls dieses nach Deutschland verbringt. Bei Gültigkeit von (1) hätte der Deutsche sein US-$-Vermögen durch diese Transaktion steigern können. Da durch Multiplikation mit w das jeweils zugehörige DM-Vermögen resultiert, hätte sich dann auch eine entsprechende Vermögenssteigerung in DM ergeben.

Aufgabe 2:
Gemäß Aufgabenstellung erhält man für 1 DM jeweils 0,5 ME Gold. Da man für 1 US-$ die achtfache Menge Gold bekommt, ergibt sich somit eine Wechselkursparität w_P von 8 DM/US-$ auf der Grundlage der Goldparitäten. Der laut Aufgabenstellung zu prüfende Wechselkurs liegt mit 10 DM/US-$ über w_P. Insofern kommt nur ein Test auf Überschreitung des Goldexportpunktes in Betracht. Es ist also zu fragen, wieviel DM man als Erlös letztlich erzielen kann, wenn man Gold im Werte von 1 DM in die USA exportiert, dort bei der Zentralbank gegen US-$ tauscht und diese Devisen am Devisenmarkt wieder in DM konvertiert. In Abweichung von der Darstellung im Lehrbuch sind die (auf DM lautenden) Transaktionskosten dabei dieses Mal auf den US-$-Gegenwert des transferierten Goldes bezogen. Die Einheit des Transaktionskostensatzes c ist hierbei also DM/US-$. Weil w_P DM generell 1 US-$ entsprechen, hat 1 DM Gold in US-$ einen Gegenwert von $1/w_P$. Die gesamten DM-Transaktionskosten belaufen sich damit auf c/w_P. Der Umtausch des US-$-Betrags aus der Goldeinlösung bei der Zentralbank führt zu DM-Erlösen von w/w_P vor Transaktionskosten, so daß netto insgesamt ein DM-Betrag von $w/w_P - c/w_P$ resultiert. Dieser ist größer als 1 DM für Wechselkurse $w > w_P + c$. Im Rahmen der hier konkret gegebenen Zahlenwerte ist $w_P = 8$ DM/US-$ und $c = 2$ DM/US-$. Daraus ergibt sich sofort ein Goldexportpunkt $w_E = 10$ DM/US-$. Der angegebene Wechselkurs $w = 10$ DM/US-$ ist also als Gleichgewichtslösung (gerade noch) denkbar.

Aufgabe 3:
Zur Berechnung des Goldexportpunktes ist zu prüfen, in wieviel US-$ ein Betrag von 1 DM dadurch transferiert werden kann, daß man zunächst 1 DM in Gold tauscht und anschließend in die USA schafft, um dort US-$ zu erwerben. Gemäß Aufgabenstellung kann 1 DM in Deutschland in ⅓ ME Gold umgetauscht werden. Nach Abzug der Transportkosten verbleiben $(1-0{,}2) \cdot ⅓$ ME Gold. Diese können bei der US-amerikanischen Zentralbank in $2 \cdot 0{,}8 \cdot ⅓ = 0{,}5\overline{3}$ US-$ einge-

löst werden. Am Devisenmarkt erhält man hierfür einen DM-Gegenwert von $0,5\overline{3}\cdot w$. Die gesamte Transaktion hat sich gelohnt, wenn $1 < 0,5\overline{3}\cdot w$, also $w > 1,875$ DM/US-\$ ist. Die rechte Seite der letzten Ungleichung beschreibt damit den hier relevanten Goldexportpunkt.

In entsprechender Weise kann der Goldimportpunkt dadurch bestimmt werden, daß für 1 US-\$ aus den USA Gold nach Deutschland verbracht und hier in DM getauscht wird. Für 1 US-\$ zahlt die US-amerikanische Zentralbank 0,5 ME Gold. Hiervon gelangen $(1-0,2)\cdot 0,5 = 0,4$ ME nach Abzug der Transportkosten tatsächlich nach Deutschland. Die deutsche Notenbank zahlt hierfür $0,4\cdot 3 = 1,2$ DM. Am Devisenmarkt können auf dieser Grundlage $1,2/w$ US-\$ erworben werden. Lohnenswert war die Transaktion dann, wenn $1 < 1,2/w$, also $w < 1,2$ DM/US-\$ gilt. Als Goldimportpunkt erhält man folglich einen Wert von 1,2 DM/US-\$.

Die gerade hergeleiteten Ergebnisse können leicht zur Wechselkursparität w_P auf der Grundlage der Goldparitäten in Beziehung gesetzt werden. Augenscheinlich gilt hier nämlich $w_P = 1,5$ DM/US-\$, so daß man mit $c = 0,2$ als relevantem Transaktionskostensatz $w_E = w_P/(1-c)$ sowie $w_I = w_P\cdot(1-c)$ erhält. Man erkennt auch hier wieder, daß sich je nach Definition des Transaktionskostensatzes c unterschiedliche formale Beziehungen zwischen Wechselkursparität w_P sowie Goldex- und Goldimportpunkt ergeben.

Aufgabe 4:
1) Insgesamt zahlungsfähig ist die Unternehmerin nur, wenn sie gleichzeitig in beiden Währungen ihren Zahlungsverpflichtungen nachkommen kann. Um mit einer Wahrscheinlichkeit von ⅔ ihre DM-Verbindlichkeiten begleichen zu können, benötigt sie mindestens eine Vorsichtskasse von 200 DM. Zwar würden schon 400 US-\$ ausreichen, um isoliert auch für die US-\$-Verbindlichkeiten mit einer Wahrscheinlichkeit von ⅔ zahlungsfähig zu sein, doch werden zu den 200 DM zusätzlich 600 US-\$ benötigt, damit Zahlungsfähigkeit in beiden Währungen gleichzeitig mit einer Wahrscheinlichkeit von ⅔ vorliegt. Sofern die Unternehme-

rin über 300 DM verfügt, würden aber in der Tat 400 US-$ für das Erreichen einer Zielwahrscheinlichkeit von ⅔ für die Gesamtzahlungsfähigkeit ausreichen. Infolge des aktuellen Wechselkurses $w_0 = 1$ DM/US-$ impliziert die zuletzt genannte Verhaltensweise mit $300 + 400 = 700$ DM bzw. US-$ die hier geringstmögliche Vorsichtskasse von $t = 0$ bis $t = 1$.

2) Die Schaffung der US-Mark führt zu den folgenden zustandsabhängigen Zahlungsverpflichtungen der Unternehmerin für $t = 1$:

	$s^{(1)}$	$s^{(2)}$	$s^{(3)}$
Verbindlichkeit	$100 + 400 = 500$	$200 + 600 = 800$	$300 + 200 = 500$

Tabelle 1: Künftige Verbindlichkeiten der Unternehmerin nach Einführung der US-Mark in Abhängigkeit vom eintretenden Umweltzustand $s^{(n)}$ ($n = 1, 2, 3$)

Die Zahlungsfähigkeit der Unternehmerin ist damit bereits dann gewährleistet, wenn sie in $t = 1$ über 500 US-Mark verfügt.

3) Da 500 US-Mark bei einem Wechselkurs $w = 1$ DM/US-$ sowohl 500 DM wie 500 US-$ entsprechen, ist die aus Sicht der Unternehmerin mindestens erforderliche Vorsichtskasse durch die deutsch-amerikanische Währungsunion um 200 DM = 200 US-$ = 200 US-Mark gesunken.

2 Internationale Paritätsbeziehungen

Übungsaufgaben

Aufgabe 1:
Eine deutsche Unternehmerin hat sich zur Errichtung eines Zweigwerkes in den USA entschlossen. Die dafür in t = 0 erforderliche Anfangsauszahlung belaufe sich auf e_0 = 1.000 US-$ bzw. $e_0 \cdot w_0$ = 1.000 DM, wenn w_0 = 1 DM/US-$ den im Zeitpunkt t = 0 zwischen DM und US-$ herrschenden Wechselkurs bezeichnet. Das Zweigwerk produziert τ_1 = 600 ME in t = 1, und die Unternehmerin tritt auf dem US-amerikanischen Markt als "price taker" auf. In t = 0 belaufe sich der Güterpreis auf p_0 = 20 US-$/ME. Die Unternehmerin rechnet damit, daß der Güterpreis von t = 0 bis t = 1 entsprechend der Inflationsrate $\tilde{\pi}_A$ in den USA steigen wird:

$$\tilde{p}_1 = (1+\tilde{\pi}_A) p_0. \qquad (2)$$

Für die (zahlungsgleichen) Produktionskosten K_1 in US-$ schätzt die Unternehmerin analog

$$\tilde{K}_1 = \tilde{k}_1 \cdot \tau_1 = (1+\tilde{\pi}_A) \cdot k_0 \cdot \tau_1. \qquad (3)$$

Die (ausbringungsunabhängigen) Stückkosten in t = 0 würden k_0 = 18 US-$/ME betragen.

Neben der Inflationsrate $\tilde{\pi}_A$ sei ferner der im Zeitpunkt t = 1 herrschende Wechselkurs $\tilde{w}_1$ ungewiß. Die inländische Inflationsrate π_I hingegen könne von der Unternehmerin aufgrund besserer Informationen (quasi-) sicher vorausgeschätzt werden: π_I = 0 %.

Die Unternehmerin erwägt, die Anfangsauszahlung für die Errichtung des Zweigwerks durch einen auf US-$ lautenden Kredit zu finanzieren. Auf diese Weise soll eine Saldierung von Einzahlungen und Auszahlungen in US-$ erreicht werden, die nach Ansicht der Unternehmerin zu einer Verbesserung ihrer Risikoposition führen müßte.

1) Ermitteln Sie die Einzahlungsüberschüsse der Unternehmerin in DM zum Zeitpunkt t = 1 in Abhängigkeit vom ungewissen Wechselkurs $\tilde{w}_1$, wenn die Anfangsauszahlung durch einen auf DM lautenden Kredit mit r_I = 10 % finanziert wird und die Kaufkraftparitätentheorie in ihrer schwachen Form erfüllt ist, und erläutern Sie das Ergebnis!
2) In Abweichung von 1) sei nun die Finanzierung durch einen US-$-Kredit mit r_A = 10 % betrachtet. Welche Einzahlungsüberschüsse in DM zum Zeitpunkt t = 1 ergeben sich damit in Abhängigkeit vom ungewissen Wechselkurs $\tilde{w}_1$? Welche Art der Finanzierung ist unter Risikoaspekten demnach tatsächlich vorzuziehen?

Aufgabe 2:
1) Berechnen Sie für die folgende Situation unter der Annahme vollkommener Kapital- und Devisenmärkte im Gleichgewicht den Terminkurs $w_{0,1}^{(f)}$: Kassawechselkurs w_0 = 1 DM/US-$, Nominalzinssatz für sichere Anlagen in Deutschland von t = 0 bis t = 1: r_I = 3,29 %, Nominalzinssatz für sichere Anlagen in den USA von t = 0 bis t = 1: r_A = 10 %.
2) Es sei nun weiter angenommen, daß im Zeitpunkt t = 1 zwei Umweltzustände mit gleicher Wahrscheinlichkeit möglich sind. Im Zustand $s^{(1)}$ betrage der Kassawechselkurs des Zeitpunktes t = 1 zwischen DM und US-$ 0,9 DM/US-$, im Zustand $s^{(2)}$ hingegen 0,98 DM/US-$. Wieso kann unter dieser Prämisse kein Anleger in Deutschland oder den USA risikoneutral sein?

Aufgabe 3:
1) Eine deutsche Anlegerin verfüge in t = 0 über einen DM-Betrag in Höhe von A_0. Sie möchte diesen Betrag bis zum Zeitpunkt t = 1 verzinslich investieren. Dazu stehen ihr zwei Möglichkeiten offen. Zum einen kann sie die Mittel auf dem deutschen Kapitalmarkt zu einem Zinssatz r_I sicher anlegen. Zum anderen kann sie aber auch ihr DM-Guthaben in US-$ umtauschen und zum Zinssatz r_A in den USA bis zum Zeitpunkt t = 1 anlegen, um es an-

schließend zum aus heutiger Sicht ungewissen Kassakurs $\tilde{w}_1$ zwischen DM und US-$ wieder in DM umzuwechseln. Zu den Zinssätzen r_I und r_A sei des weiteren sichere Verschuldung in DM bzw. US-$ von $t = 0$ bis $t = 1$ möglich. Leiten Sie auf der Grundlage dieser Handlungsalternativen und unter der Annahme der Risikoneutralität der deutschen Anlegerin die (gleichgewichtige) Gültigkeit des Internationalen *Fisher*-Effekts her!

2) Im Gegensatz zu 1) sei nun eine US-amerikanische Anlegerin betrachtet, die in $t = 0$ über einen US-$-Betrag in Höhe von A_0 verfügt, den sie bis zum Zeitpunkt $t = 1$ verzinslich anlegen will. Wieder gebe es hierfür zwei Möglichkeiten: erstens die unmittelbare Anlage in den USA zu r_A und zweitens den Umtausch der Mittel in DM in $t = 0$, Anlage in Deutschland zu r_I sowie anschließende Umwechslung der DM-Erlöse in $t = 1$ in US-$. Auch die sicheren Verschuldungsmöglichkeiten in DM und US-$ von $t = 0$ bis $t = 1$ sollen denen aus 1) entsprechen. Welche Beziehung zwischen Zinssätzen und Wechselkursen muß sich bei Risikoneutralität der US-amerikanischen Anlegerin im Gleichgewicht ergeben?

3) Zeigen Sie, daß die in 1) und 2) hergeleiteten Gleichgewichtsbeziehungen bei unsicherem Kassakurs $\tilde{w}_1$ nicht miteinander vereinbar sind!

Lösungen

Aufgabe 1:[1]

1) Wenn die Unternehmerin in t = 0 die Anfangsauszahlung e_0 in US-$ über einen DM-Kredit finanzieren will, dann benötigt sie einen DM-Betrag von $e_0 \cdot w_0$, der zu einer DM-Verbindlichkeit in t = 1 von $e_0 \cdot w_0 \cdot (1+r_I)$ führt. Damit ergibt sich der gesamte Einzahlungsüberschuß $\tilde{z}_1$ der Unternehmerin zum Zeitpunkt t = 1 als

$$\begin{aligned}\tilde{z}_1 &= (\tilde{p}_1 - \tilde{k}_1) \cdot \tau_1 \cdot \tilde{w}_1 - e_0 \cdot w_0 \cdot (1+r_I) \\ &= (1+\tilde{\pi}_A) \cdot (p_0 - k_0) \cdot \tau_1 \cdot \tilde{w}_1 - e_0 \cdot w_0 \cdot (1+r_I) \\ &= 1.200 \cdot (1+\tilde{\pi}_A) \cdot \tilde{w}_1 - 1.100. \end{aligned} \quad (4)$$

Aus dem Lehrbuch, S. 33 f., ist die Formel für die Kaufkraftparitätentheorie in ihrer schwachen Form bekannt:

$$\frac{1+\tilde{\pi}_I}{1+\tilde{\pi}_A} = \frac{\tilde{w}_1}{w_0}. \quad (5)$$

Bei sicherer inländischer Inflationsrate $\pi_I = 0$ % und $w_0 = 1$ DM/US-$ folgt aus (5), daß $(1+\tilde{\pi}_A) \cdot \tilde{w}_1 = 1$ gilt. Damit wiederum resultiert aus (4), daß die Unternehmerin bei Verzicht auf die Aufnahme eines Fremdwährungskredits sichere Einzahlungen von 100 DM in t = 1 realisiert. Die Ursache für dieses Ergebnis liegt darin begründet, daß die Schwankungen des ungewissen künftigen Wechselkurses $\tilde{w}_1$ durch entsprechende gegenläufige Bewegungen des künftigen ausländischen Preisniveaus und damit der Auslandsinflationsrate $\tilde{\pi}_A$ gerade kompensiert werden. Wesentlich für das Ergebnis eines sicheren künftigen DM-Einzahlungsüberschusses ist hierbei die Sicherheit hinsichtlich der inländischen Inflationsrate. Ist diese ungewiß, wären auch die DM-Einzahlungen der Unternehmerin ungewiß. Allerdings bestünde im letztgenannten Fall lediglich ein Inflationsri-

---

[1] Vgl. hierzu auch *Breuer* (1995).

siko und nicht ein Wechselkursrisiko.

2) Wenn die Unternehmerin in t = 0 einen Kredit in Fremdwährung in Höhe von e_0 aufnimmt, beläuft sich der erforderliche Rückzahlungsbetrag in t = 1 nach Umrechnung in DM auf $e_0 \cdot \tilde{w}_1 \cdot (1+r_A) = 1.100 \cdot \tilde{w}_1$ anstelle von 1.100 wie in Aufgabenteil 1). Die gesamten DM-Einzahlungsüberschüsse der Unternehmerin in t = 1 betragen damit in Abweichung von 1) $1.200 - 1.100 \cdot \tilde{w}_1$. Die Aufnahme eines Kredits in Fremdwährung zur Finanzierung der Anfangsauszahlung führt hier folglich zum kontraproduktiven Ergebnis unsicherer statt sicherer künftiger DM-Einzahlungsüberschüsse. Ursächlich für dieses Ergebnis ist, daß die in DM ausgedrückten Rückzahlungen auf Fremdwährungskredite zwar wechselkursabhängig, nicht aber preis(niveau)abhängig sind, wie es hingegen für unternehmerische Fremdwährungserlöse aus der betrieblichen Leistungserstellung der Fall sein kann. Gerade auf den letzteren Umstand macht die Kaufkraftparitätentheorie aufmerksam. Auch wenn ihr empirischer Gehalt als sehr bescheiden aufzufassen ist, sollte man doch die generelle Preisabhängigkeit unternehmerischer Fremdwährungserlöse bei der Entscheidung über Sicherungsmaßnahmen nicht vernachlässigen. Im Rahmen dieser Aufgabenstellung wäre die Aufnahme eines Fremdwährungskredits zum Zwecke der Risikoreduktion etwa selbst dann von eher begrenztem Nutzen, wenn ceteris paribus die inländische Inflationsrate ungewiß sein sollte. Der Fremdwährungskredit wäre unter diesen modifizierten Bedingungen nur dann sinnvoll, wenn man durch das Eingehen von Wechselkursrisiken inländische Inflationsrisiken absichern könnte. Dieser Gedanke scheint eher wenig sachgerecht. Wäre es anders, sollte etwa auch ein mittelständischer deutscher Bäckermeister zur Absicherung gegen inländische Inflationsrisiken Fremdwährungskredite aufnehmen. Zumindest in dieser prägnanten Konsequenz zeigt sich die generelle Fragwürdigkeit eines solchen Ansatzes.

Aufgabe 2:
1) Aus dem Lehrbuch, S. 39, ist die Bestimmungsgleichung der Zinsparitätentheorie als notwendige Marktgleichgewichtsbedingung für vollkommene Kapital- und Devisenmärkte bekannt:

$$\frac{1+r_I}{1+r_A} = \frac{w_{0,1}^{(f)}}{w_0}. \tag{6}$$

Aus den Zahlen der Aufgabenstellung resultiert damit unmittelbar $w_{0,1}^{(f)} = 0{,}939$ DM/US-\$.

2) Zunächst sei der Erwartungswert des DM/US-\$-Kassakurses $\tilde{w}_1$ berechnet. Hierfür ergibt sich:

$$E(\tilde{w}_1) = 0{,}5 \cdot 0{,}9 + 0{,}5 \cdot 0{,}98 = 0{,}94 \, \frac{DM}{US-\$} > w_{0,1}^{(f)}. \tag{7}$$

Aus (7) folgt, daß Deutsche dadurch erwartete Gewinne in beliebiger Höhe zum Zeitpunkt t = 1 realisieren können, daß sie in t = 0 Devisen per Termin t = 1 zu $w_{0,1}^{(f)}$ kaufen und zum unsicheren Kassakurs $\tilde{w}_1$ in t = 1 wieder verkaufen. Sofern auch nur ein Deutscher risikoneutral ist, wird dieser durch seine unbeschränkte Devisenterminnachfrage und sein damit verbundenes unbegrenztes Kassaangebot von US-\$ einen Ausgleich von Angebot und Nachfrage auf den Devisenmärkten unmöglich machen.

Zweitens sei nun der Erwartungswert des US-\$/DM-Kassakurses $1/\tilde{w}_1$ bestimmt:

$$E\left(\frac{1}{\tilde{w}_1}\right) = 0{,}5 \cdot \frac{1}{0{,}9} + 0{,}5 \cdot \frac{1}{0{,}98} \approx 1{,}0658 > \frac{1}{w_{0,1}^{(f)}} \approx 1{,}0650 \, \frac{US-\$}{DM}. \tag{8}$$

Aus Sicht eines US-Amerikaners sind für gegebene Parameterkonstellation damit ebenfalls erwartete Gewinne in beliebiger Höhe möglich. Zu deren Erreichung muß der US-Amerikaner dabei in t = 0 per Termin t = 1 preiswert DM erwerben, um diese dann am Kassamarkt in t = 1 wieder gegen US-\$ zu verkaufen. Sofern auch nur ein US-Amerikaner risikoneutral ist, wird dieser durch seine unbegrenzte Terminnachfrage nach DM und sein damit verbundenes unbegrenztes Kassaangebot von DM einen Ausgleich von Angebot und Nachfrage auf den Devisenmärkten unmöglich machen. Aus diesem Grunde darf es weder in den USA noch in Deutschland risikoneutrale Anleger geben, wenn die vorgegebenen Parameterwerte mit einem Gleichgewicht vereinbar sein sollen.

Bemerkenswerterweise glauben Deutsche, durch den Terminkauf von US-$, und US-Amerikaner, durch den Terminkauf von DM im Erwartungswert unbegrenzte Gewinne zu realisieren. Sofern demnach ein risikoneutraler Deutscher mit einem risikoneutralen US-Amerikaner zusammentrifft, würden beide handelseinig werden und der (zutreffenden) Meinung sein, im Erwartungswert unendlich reich werden zu können. Dies ist eine der merkwürdig anmutenden Konsequenzen aus dem *Siegel*-Paradox. Weil das angestrebte Handelsvolumen der beiden Transaktionspartner allerdings unendlich groß wäre, läge auch hier trotzdem kein wohldefiniertes Gleichgewicht vor.

Aufgabe 3:
1) Wenn die deutsche Anlegerin ihr DM-Anfangsvermögen von t = 0 bis t = 1 in Deutschland investiert, resultiert ein Endvermögen in Höhe von $A_0 \cdot (1+r_I)$. Bei Anlage in den USA von t = 0 bis t = 1 ist zunächst der DM-Betrag A_0 in A_0/w_0 US-$ zu tauschen. Hieraus werden nach Ablauf einer Periode $(A_0/w_0) \cdot (1+r_A)$ US-$, die wiederum zum dann herrschenden Kassakurs $\tilde{w}_1$ in DM zurückgetauscht werden können. Im Erwartungswert ergeben sich im Rahmen dieser zweiten Anlagestrategie DM-Erlöse im Umfang von $(A_0/w_0) \cdot (1+r_A) \cdot E(\tilde{w}_1)$. Bei Risikoneutralität wird sich die Anlegerin für die Alternative entscheiden, die zum höchsten erwarteten DM-Endvermögen führt. In der Tat wird die deutsche Investorin sogar die Verschuldung in einer der beiden Währungen in Erwägung ziehen, sofern nicht Gleichheit der Erwartungswerte bei beiden Anlagealternativen gegeben ist. Gilt etwa

$$A_0 \cdot (1+r_I) < A_0 \cdot \frac{1}{w_0} \cdot (1+r_A) \cdot E(\tilde{w}_1), \tag{9}$$

dann lohnt es sich, in t = 0 einen DM-Kredit in beliebiger Höhe zu r_I aufzunehmen, um anschließend die erhaltenen Mittel von t = 0 bis t = 1 nach Tausch in US-$ in den USA von t = 0 bis t = 1 zu r_A anzulegen. Auf diese Weise nämlich könnten in beliebigem Umfang erwartete DM-Gewinne erzielt werden. Entsprechend umgekehrt ist bei Gültigkeit einer "$>$"-Relation in Formel (9) zu verfahren. Ein allgemeines Marktgleichgewicht erfordert daher Gleichheit der beiden Seiten der Ungleichung aus (9). Dies wiederum impliziert unmittelbar die Gültigkeit des Internationalen *Fisher*-Effekts:

$$\frac{1+r_I}{1+r_A} = \frac{E(\tilde{w}_1)}{w_0}. \tag{10}$$

2) Wenn die amerikanische Anlegerin ihr US-\$-Vermögen von $t = 0$ bis $t = 1$ in den USA investiert, dann erhält sie in $t = 1$ einen US-\$-Betrag in Höhe von $A_0 \cdot (1+r_A)$ zurück. Statt dessen kann sie ihren Anlagebetrag aber auch zunächst gegen $A_0 \cdot w_0$ DM tauschen und diese zu r_I in Deutschland anlegen. Der Kassaumtausch der DM-Erlöse des Zeitpunktes $t = 1$ in Höhe von $A_0 \cdot w_0 \cdot (1+r_I)$ führt zu erwarteten US-\$-Einzahlungen von $A_0 \cdot w_0 \cdot (1+r_I) \cdot E(1/\tilde{w}_1)$. Unter der Annahme der Risikoneutralität muß damit aufgrund der gleichen Zusammenhänge wie im Aufgabenteil 1) die folgende Beziehung gelten:

$$A_0 \cdot (1+r_A) = A_0 \cdot w_0 \cdot (1+r_I) \cdot E\left(\frac{1}{\tilde{w}_1}\right). \tag{11}$$

Aus (11) wiederum folgt sofort:

$$\frac{1+r_A}{1+r_I} = w_0 \cdot E\left(\frac{1}{\tilde{w}_1}\right). \tag{12}$$

Bestimmungsgleichung (12) beschreibt hierbei den Internationalen *Fisher*-Effekt aus US-amerikanischer Sicht.

3) (12) kann auch in folgender Form dargestellt werden:

$$\frac{1+r_I}{1+r_A} = \frac{1}{w_0 \cdot E\left(\frac{1}{\tilde{w}_1}\right)}. \tag{13}$$

Die simultane Gültigkeit von (10) und (13) impliziert

$$E(\tilde{w}_1) = \frac{1}{E\left(\dfrac{1}{\tilde{w}_1}\right)}, \qquad (14)$$

was jedoch gemäß der Herleitung auf S. 45 des Lehrbuchs für stochastischen Kassakurs $\tilde{w}_1$ nicht gelten kann.

3 Finanzmarkttheoretische Ansätze zur Wechselkurserklärung

Übungsaufgaben

Aufgabe 1:
Gegeben sei die Ausgangssituation aus dem Zahlenbeispiel zum *Dornbusch*-Modell, wie es im Abschnitt 3 aus Kapitel II. des Lehrbuchs auf S. 64 ff. vorgestellt wurde. Das heißt, für die inländische Güterproduktion Y_r^s, die Preisniveaus P_I und P_A sowie die Zinssätze r_I und r_A im In- und Ausland, den Wechselkurs w zwischen In- und Auslandswährung sowie das nominale inländische Geldangebot M_n^s gelten folgende Zahlenwerte:

$$Y_r^s = 100, \ P_I = P_A = w = 1, \tag{15}$$
$$r_I = r_A = 10\ \%, \ M_n^s = 50.$$

Statt einer expansiven Geldpolitik sei nun jedoch eine restriktive betrachtet. Konkret führe die (inländische) Zentralbank eine Senkung der Geldmenge um 30 Einheiten durch. Welche Effekte werden hierdurch in der kurzen und in der langen Frist ausgelöst?

Aufgabe 2:
In *Keynes*ianischen Modellen taucht häufig eine sogenannte LM-Kurve auf. Diese gibt alle Kombinationen von Güterproduktion Y_r^s und Zinssatz r_I wieder, bei denen ceteris paribus ein Gleichgewicht auf dem (hier: inländischen) Geldmarkt herrscht. Welchen Verlauf hat die LM-Kurve mit Y_r^s als unabhängiger und r_I als abhängiger Variable?

Aufgabe 3:

Die im *Dornbusch*-Modell relevanten Beziehungen können gesamthaft in einem Koordinatensystem mit vier Quadranten abgebildet werden. Im ersten Quadranten (rechts oben) werden Angebot an und Nachfrage nach Inlandsgütern abgebildet, im zweiten Quadranten (links daneben) die durch Kaufkraftparitätentheorie, QQ- sowie RR-Kurve beschriebenen Zusammenhänge. Im vierten Quadranten (rechts unten) findet sich die aus Aufgabe 2 bekannte LM-Kurve.

1) Welcher Zusammenhang wird im dritten Quadranten dargestellt?
2) Beschreiben Sie die Auswirkungen einer expansiven Geldpolitik durch Kurvenverschiebungen sowohl für die kurze Frist als auch für die lange Frist im Rahmen des Vier-Quadranten-Schemas!

Lösungen

Aufgabe 1:

Gemäß den Ausführungen aus dem Lehrbuch auf S. 67 lautet die RR-Kurve wie folgt:

$$P_I = \frac{550 \cdot w + M_n^s}{600} = \frac{11}{12} \cdot w + \frac{1}{12}. \qquad (16)$$

Die QQ-Kurve beschreibt sich gemäß S. 72 des Lehrbuchs als:

$$P_I = \frac{M_n^s}{550 - 500 \cdot \frac{P_{II}}{w}} = \frac{1}{11 - \frac{10}{w}}. \qquad (17)$$

Die für diese Ausgangssituation angenommene Reduktion der nominalen Geldmenge um 30 GE, also 60 %, bewirkt in der langen Frist eine ebenfalls 60 %ige Reduktion des inländischen Preisniveaus auf 0,4. Langfristig sind die Preise auf den Gütermärkten nämlich flexibel, so daß die Kaufkraftparitätentheorie als notwendige Gleichgewichtsbedingung in der langen Frist erfüllt sein wird. Dies bedeutet, daß die Marktteilnehmer nach Bekanntwerden der Geldmengenreduktion um 60 % die Erwartung $P_{II} = 0,4$ für das Güterpreisniveau des Zeitpunktes $t = 1$ im Inland bilden werden. Auf dieser Grundlage bereits können die aus der Geldmengenreduktion resultierenden neuen Verläufe von RR- und QQ-Kurve ermittelt werden:

$$RR^+: P_I = \frac{11}{12} \cdot w + \frac{1}{30}, \qquad (18)$$

$$QQ^+: P_I = \frac{2}{55 - \frac{20}{w}}. \qquad (19)$$

Im neuen langfristigen Gleichgewicht realisiert sich wieder ein Schnittpunkt der nun gültigen RR- und QQ-Kurve gemäß (18) und (19):

$$\frac{2}{55 - \frac{20}{w}} = \frac{11}{12} \cdot w + \frac{1}{30}$$

$$\Leftrightarrow w^2 - \frac{222}{605} \cdot w - \frac{8}{605} = 0 \qquad (20)$$

$$\Leftrightarrow w = \frac{111}{605} \pm \sqrt{\left(\frac{111}{605}\right)^2 + \frac{8}{605}}$$

$$\Leftrightarrow w^{(1)} = 0{,}4 \; \frac{DM}{US-\$}, \; w^{(2)} \approx -0{,}0331 \; \frac{DM}{US-\$}.$$

Ökonomisch relevant ist allein die positive Lösung $w^{(1)} = 0{,}4$ DM/US-$. Dieses Ergebnis überrascht nicht allzu sehr, ist doch bekannt, daß in der langen Frist eine Änderung der Geldmenge um Δ Prozent lediglich zu entsprechenden prozentualen Änderungen des neuen langfristig gleichgewichtigen Preisniveaus und zugehörigen Wechselkurses führt. Letzteres implizierte damit bereits die Veränderung des Wechselkurses w von 1 DM/US-$ auf 0,4 DM/US-$. Durch Einsetzen von $w^{(1)} = 0{,}4$ DM/US-$ in die RR- oder die QQ-Kurve aus (18) bzw. (19) erhält man im übrigen $P_I = 0{,}4$. Die Erwartungsbildung $P_{II} = 0{,}4$ seitens der Kapitalmarktteilnehmer war also (natürlich) korrckt.

Alle übrigen Größen bis auf M_n^s, w und P_I verfügen im neuen langfristigen Gleichgewicht über die gleichen Werte wie in der Ausgangssituation. Diese Aussage trifft allerdings nicht zu während der Übergangszeit vom alten zum neuen langfristigen Gleichgewichtszustand. Im kurzfristigen Gleichgewicht sind die Güterpreise annahmegemäß starr, weswegen nur die Gültigkeit der QQ-Kurve zu beachten ist. Einsetzen von $P_I = 1$ in die neue QQ-Kurve gemäß (19) ergibt einen kurzfristig gleichgewichtigen Wechselkurs von $w = 20/53 \approx 0{,}3774$, der unterhalb des langfristigen Gleichgewichtsniveaus von 0,4 liegt. Im Rahmen der restriktiven Geldmengenpolitik kommt es demnach in der kurzen Frist zu einem "Unterschießen" des Wechselkurses, also einer "zu starken" Aufwertung der inländischen Währung. Dies ist erforderlich, weil die restriktive Geldpolitik infolge des starren Preisniveaus auf dem Geldmarkt einen Nachfrageüberschuß induziert, der nur durch ein Ansteigen des Zinsniveaus auf $r_I = 16\%$ beseitigt werden kann. Dieser Wert ergibt sich durch Einsetzen von $M_n^s = 20$ (neben $P_I = 1$) in die auf S. 67 des Lehrbuchs beschriebene Gleichgewichtsbedingung des Geldmarktes:

$$20 = 100 - 500\,r_I \Leftrightarrow r_I = 16\%. \tag{21}$$

Ein internationales Kapitalmarktgleichgewicht erfordert damit aber wegen $r_I > r_A$ in der kurzen Frist, daß der Wechselkurs so stark fällt, daß für die Zukunft mit einer Abwertung der inländischen Währung um 6 % gerechnet wird: $(0,4-0,3774)/0,3774 \approx 6\%$. Erst in dem Maße, wie sich das Preisniveau P_I erhöht und damit der Inlandszinssatz r_I wieder sinkt, kann auch der Wechselkurs von seinem Zwischenwert 0,3774 auf das langfristige Gleichgewichtsniveau 0,4 ansteigen.

Aufgabe 2:
Sei mit $M_r^d(Y_r^s, r_I)$ die reale Geldnachfrage bezeichnet, die mit steigender realer Güterproduktion zu- und mit wachsendem Inlandszinssatz abnehme. Dann lautet die Gleichgewichtsbedingung für den Geldmarkt in allgemeiner Form:

$$\frac{M_n^s}{P_I} = M_r^d(r_I, Y_r^s) \Leftrightarrow F(r_I, Y_r^s) \equiv M_r^d(r_I, Y_r^s) - \frac{M_n^s}{P_I} = 0. \tag{22}$$

Hierbei ist $F(r_I, Y_r^s)$ definiert als die reale Nachfrageüberschußfunktion für den Geldmarkt, also die Differenz zwischen realer Geldnachfrage und realem Geldangebot für gegebene reale Güterproduktion und gegebenen Inlandszinssatz. Die LM-Kurve beschreibt nun alle über (22) fixierten Kombinationen von Y_r^s und r_I, die zu einem Gleichgewicht auf dem Geldmarkt, also $F(r_I, Y_r^s) = 0$, führen. In allgemeiner Form kann (22) nicht nach r_I aufgelöst werden. Eine Aussage über das Vorzeichen der Ableitung dr_I/dY_r^s ist jedoch mittels des Satzes über implizit definierte Funktionen[2] auch so möglich. Danach gilt nämlich:

$$\frac{dr_I}{dY_r^s} = -\frac{\partial F(r_I, Y_r^s)/\partial Y_r^s}{\partial F(r_I, Y_r^s)/\partial r_I} = -\frac{\partial M_r^d(r_I, Y_r^s)/\partial Y_r^s}{\partial M_r^d(r_I, Y_r^s)/\partial r_I} > 0. \tag{23}$$

Dies leuchtet auch unmittelbar intuitiv ein. Denn eine Erhöhung der realen Güterproduktion läßt die Geldnachfrage über einen erhöhten Bedarf an Transaktionskasse ceteris paribus ansteigen, so daß eine Erhöhung des Inlandszinssatzes zur kompensatorischen Reduktion der Geldnachfrage über erhöhte Opportunitätskosten der Kassenhaltung erforderlich wird.

Aufgabe 3:

Weil im ersten Quadranten Angebot an und Nachfrage nach Inlandsgütern ablesbar sein sollen, müssen auf den Achsen das inländische Preisniveau und die Güternachfrage Y_r^d bzw. das Güterangebot Y_r^s abgetragen werden. Da der links neben dem ersten Quadranten befindliche zweite Quadrant zur Abbildung der Kaufkraftparitätentheorie nebst RR- und QQ-Kurve dient, sind hier Achsen zur Wiedergabe von inländischem Preisniveau und Wechselkurs erforderlich. Im vierten Quadranten schließlich soll die LM-Kurve dargestellt werden. Dazu benötigt man Achsen für die Angabe von realer Güterproduktion und Inlandszinssatz. All diese Anforderungen passen nur zusammen, wenn man die Achsen gemäß der folgenden *Abbildung 1* bezeichnet. Im dritten Quadranten kann daher ein Zusammenhang zwischen Wechselkurs und inländischem Zinsniveau dargestellt werden.

---

[2] Vgl. hierzu z.B. *Takayama* (1985), S. 150, 161 f.

Dies wiederum ermöglicht eine graphische Wiedergabe des Internationalen *Fisher*-Effekts, und genau dieser fehlt auch noch, um die Visualisierung des *Dornbusch*-Modells im Vier-Quadranten-Schema zu ermöglichen. Die Gleichung des Internationalen *Fisher*-Effekts lautet gemäß S. 71 des Lehrbuchs hier

$$r_I - r_A = \frac{P_{I1} - w}{w} = \frac{P_{I1}}{w} - 1, \tag{24}$$

so daß demnach ein hyperbolischer Zusammenhang zwischen Wechselkurs w und Inlandszinssatz r_I vorliegt.

Die Ausgangssituation wird im ersten Quadranten durch das völlig preisunelastische Güterangebot Y_r^s sowie die fallend verlaufende Güternachfragefunktion Y_r^d beschrieben. Deren Schnittpunkt beschreibt das anfängliche Gütermarktgleichgewicht. Zu dem damit einhergehenden Güterpreisniveau muß zugleich auch ein Schnittpunkt von RR- und QQ-Kurve sowie der die Kaufkraftparitätentheorie repräsentierenden Winkelhalbierenden im zweiten Quadranten gegeben sein. Damit wiederum liegt der gleichgewichtige Wechselkurs fest, zu dem im dritten Quadranten der zugehörige Inlandszinssatz anhand der Kurve IFE des Internationalen *Fisher*-Effekts abgelesen werden kann. Dieser Inlandszinssatz schließlich muß mit der über den ersten Quadranten beschriebenen realen Güterproduktion einem Punkt auf der LM-Kurve des vierten Quadranten entsprechen.

Eine Ausweitung der Geldmenge führt nun zu Kurvenverschiebungen in allen Quadranten. Kurvenverschiebungen treten dabei stets dann ein, wenn sich unabhängige Variablen innerhalb eines funktionalen Zusammenhangs ändern, die nicht auf den jeweiligen Achsen abgetragen sind. Konkret bedingt hier die vergrößerte Geldmenge ceteris paribus zunächst einmal einen Angebotsüberschuß auf dem Geldmarkt, so daß dort ein Gleichgewicht nur für einen gleichzeitig niedrigeren Zinssatz r_I oder eine höhere Güterproduktion Y_r^s erreicht werden kann. Die LM-Kurve verschiebt sich daher im vierten Quadranten nach oben hin zu LM'. Des weiteren erhöht sich durch die expansive Geldpolitik das von Marktteilnehmern für den Zeitpunkt t = 1 zutreffend erwartete Inlandspreisniveau P_{I1}.

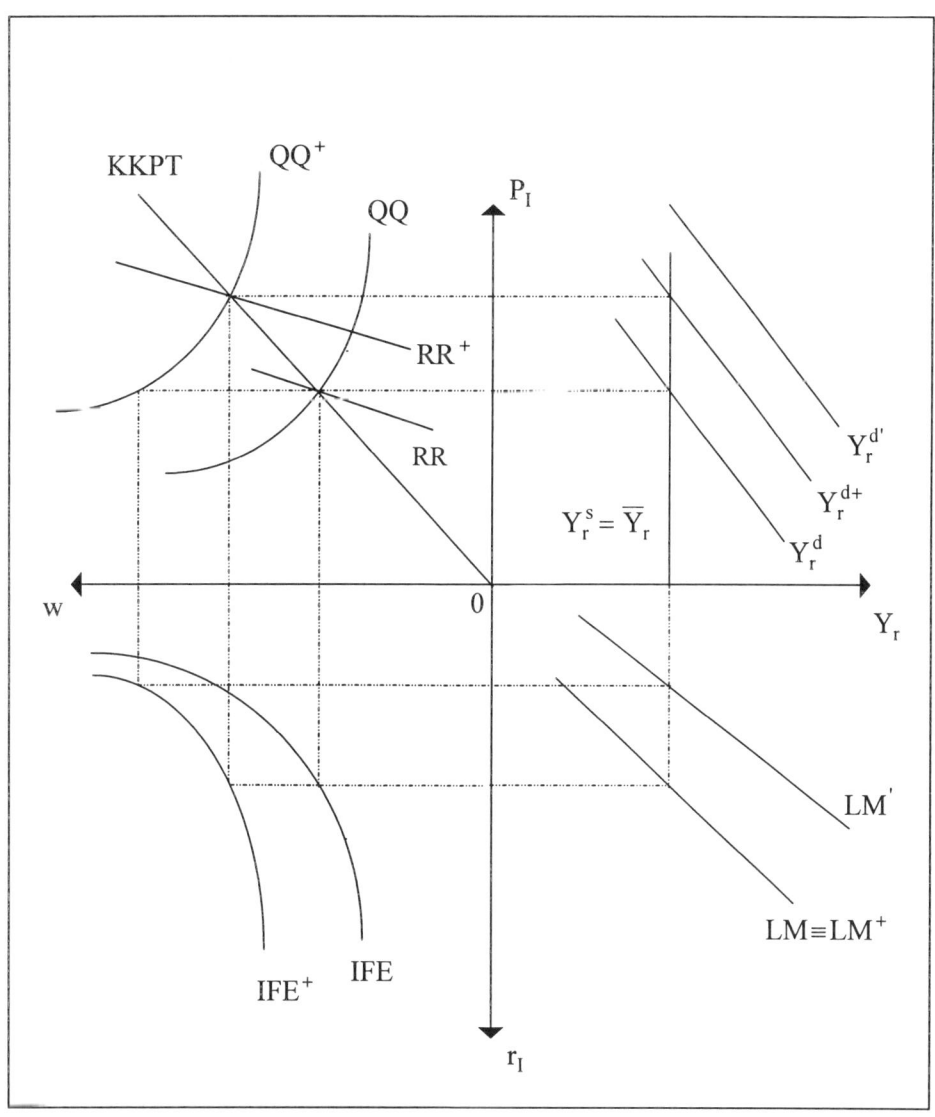

Abbildung 1: Kurz- und langfristige Konsequenzen einer expansiven Geldpolitik im Rahmen des *Dornbusch*-Modells (Vier-Quadranten-Schema)

Dieser Umstand wiederum induziert, daß sich die Kurve des Internationalen *Fisher*-Effekts nach unten hin zu IFE$^+$ verschiebt. Im zweiten Quadranten verschieben sich RR- und QQ-Kurve nach außen, wie bereits im Lehrbuch auf S. 68 f. sowie 72 f. beschrieben worden ist. Weil in der kurzen Frist keinerlei Preisreaktion auf den Gütermärkten zu beobachten ist, können die kurzfristigen Auswirkungen einer expansiven Geldpolitik bereits über die Kurvenverschiebungen in den Quadranten II-IV analysiert werden. Im zweiten Quadranten wird das neue Gleichgewicht allein durch den für das Ursprungspreisniveau realisierbaren Punkt auf der QQ$^+$-Kurve beschrieben. Der so determinierte (höhere) neue Wechselkurs liefert über die Kurve IFE$^+$ im dritten Quadranten das neue (niedrigere) Inlandszinsniveau, für das wiederum bei gegebener Produktion $\bar{Y}_r$ ein Punkt auf der LM'-Kurve im vierten Quadranten realisiert wird. Das damit niedrigere kurzfristige Zinsniveau r_I wiederum führt ceteris paribus zu einem Anstieg in der Güternachfrage, bedingt damit also eine Verschiebung der Güternachfragefunktion nach außen hin zu $Y_r^{d'}$. In die gleiche Richtung wirkt der gestiegene Wechselkurs, da die so bewirkte Abwertung der heimischen Währung Exporte begünstigt und Importe hemmt. Für gegebenes Ausgangspreisniveau induziert die Verschiebung der Güternachfragefunktion nach außen zunächst einen deutlichen Nachfrageüberschuß auf dem Gütermarkt. In der langen Frist nun kommt es aber infolge dieses Nachfrageüberschusses zu Preisniveausteigerungen, bis schließlich im zweiten Quadranten der Schnittpunkt von RR$^+$-Kurve, QQ$^+$-Kurve und der Winkelhalbierenden als neues langfristiges Gleichgewicht erreicht wird. Der neue langfristig gleichgewichtige Wechselkurs liegt hierbei zwischen dem vor der Geldmengenexpansion und dem aus dem kurzfristigen Gleichgewicht. Dies wiederum bedingt, daß der langfristig gleichgewichtige Inlandszinssatz wieder auf das vor der Geldmengenexpansion vorherrschende Niveau ansteigt. Damit aber erhält man im vierten Quadranten einen Schnittpunkt für dieses Zinsniveau und die exogen gegebene Güterproduktion nur, wenn die LM-Kurve des langfristigen Gleichgewichts (LM$^+$) mit der aus der Ausgangssituation übereinstimmt. Der Anstieg des inländischen Preisniveaus kompensiert demnach vollständig die nominale Geldmengenerhöhung, so daß das reale Geldangebot nach der Geldmengenerhöhung letzten Endes mit dem vor der Geldmengenerhöhung übereinstimmt. Im ersten Quadranten schließlich impliziert der ansteigende Inlandszinssatz ceteris paribus einen Rückgang der Güternachfrage, also eine (Rück-) Verschiebung der Güternachfragefunktion nach unten hin zu Y_r^{d+}. Allerdings erreicht die Güternachfrage nicht ihre alte Lage vor der exogenen Störung, sondern verharrt oberhalb von ihr. Dies ist eine Konsequenz des im Vergleich zur Ausgangssituation nach wie vor höheren Wechselkurses, der nachfrageanregend (höhere Exportnachfrage, geringeres Importangebot) wirkt, und bedingt damit ein im neuen langfristigen Gleichgewicht höheres Preisniveau als in der Ausgangssituation.

II. Grundlagen unternehmerischen Währungsmanagements

1 Das Numéraire-Problem

Übungsaufgaben

Aufgabe 1:
Ein Entscheidungssubjekt ziehe Nutzen allein aus dem Konsum zweier fester Güterbündel, von denen eines aus Gütern mit Preisen in DM und das andere aus Gütern mit Preisen in US-$ bestehe. Mit τ_{DM} sei die konsumierte Menge des DM-Güterbündels bezeichnet, mit τ_{US} die entsprechende Menge des US-$-Güterbündels. Die zugehörigen Preise von jeweils einer Einheit eines Güterbündels in der jeweiligen Währung seien p_{DM} und p_{US}. Der zwischen DM und US-$ herrschende Wechselkurs sei mit w bezeichnet. Der Entscheidungsträger verfüge über eine Nutzenfunktion $u(\tau_{DM}, \tau_{US}) = \tau_{DM}^a \cdot \tau_{US}^b$ (a, b > 0). Seine Anfangsausstattung in DM belaufe sich auf A_0. Die Zielsetzung des Entscheidungssubjekts bestehe in der Maximierung seines Konsumnutzens über geeignete Wahl von τ_{DM} und τ_{US}. Stellen Sie zu diesem Zweck den maßgeblichen *Lagrange*-Ansatz auf, und leiten Sie aus den notwendigen Bedingungen erster Ordnung die optimalen Werte für τ_{DM} und τ_{US} her!

Aufgabe 2:
Eine Unternehmerin verfüge in t = 1 über eine sichere Einzahlung in Höhe von 400 DM. Die Unternehmerin überlegt, ob sie diese 400 DM in t = 0 zu einem Terminkurs $w_{0,1}^{(f)}$ per Termin t = 1 gegen US-$ verkaufen soll. Die Entscheidung hierüber werde nach dem *Bernoulli*-Prinzip getroffen. Zu diesem Zweck werde von einer Nutzenfunktion $u(z) = z - 0{,}001 \cdot z^2$ ausgegangen, wobei z wahlweise für die Einzahlungen der Unternehmerin im Zeitpunkt t = 1 in DM oder US-$ stehen soll. In t = 1 seien des weiteren zwei Umweltzustände möglich: Mit einer Wahrscheinlichkeit von 0,8 wird sich der ungewisse Wechselkurs $\tilde{w}_1$ zwischen

DM und US-$ auf 1 belaufen, mit der entsprechenden Gegenwahrscheinlichkeit wird er einen Wert von 0,8 annehmen.

1) Eine Nutzenfunktion u sollte wenigstens das Minimalerfordernis eines (streng) monoton steigenden Verlaufs erfüllen. Bis zu welchem Wert für z erfüllt die unterstellte Nutzenfunktion u(z) diese Bedingung?
2) Ermitteln Sie für die beiden Handlungsalternativen der Unternehmerin (Unterlassung bzw. Durchführung des Devisenterminverkaufs) ihren jeweils erreichbaren Erwartungsnutzen in Abhängigkeit vom Terminkurs $w_{0,1}^{(f)}$, und zwar einmal bei Rechnung in DM und das andere Mal bei Rechnung in US-$! Geben Sie außerdem an, welche (Unter-) Grenze für $w_{0,1}^{(f)}$ gemäß dem Ergebnis aus 1) angenommen werden muß!
3) Bestimmen Sie diejenigen (zulässigen) Werte für den Terminkurs $w_{0,1}^{(f)}$, bei denen die Festlegung der Währung der in die Nutzenfunktion eingehenden Zahlungen Einfluß nimmt auf die Beurteilung der Vorteilhaftigkeit der beiden Handlungsalternativen!
4) Ermitteln Sie den Erwartungswert von $\tilde{w}_1$, und prüfen Sie, ob ein Terminkurs in entsprechender Höhe zur Relevanz der Währungsfestlegung für die Alternativenbeurteilung führt und gemäß der unterstellten Nutzenfunktion u(z) überhaupt zulässig ist!

Aufgabe 3:
Gegeben seien die Ausgangsdaten des im Abschnitt 1.3 des Lehrbuchs auf S. 90 ff. beschriebenen *Onassis*-Problems, insbesondere die Angaben in den dortigen *Tabellen 3* und *4* (siehe nachfolgende *Tabellen 2* und *3*) für die beiden Handlungsalternativen $a^{(1)}$ (Verzicht auf Terminverkauf) und $a^{(2)}$ (Terminverkauf von 1.080 US-$):

DM	$s^{(1)}$	$s^{(2)}$
$a^{(1)}$	1.080	885,6
$a^{(2)}$	1.058,4	1.058,4

Tabelle 2: Ergebnismatrix in DM

US-$	$s^{(1)}$	$s^{(2)}$
$a^{(1)}$	1.080	1.080
$a^{(2)}$	1.058,4	1.290,73

Tabelle 3: Ergebnismatrix in US-$

Zeigen Sie, daß *Onassis* bei Zugrundelegung der Nutzenfunktion $u(z) = \ln z$ stets zum gleichen Ergebnis hinsichtlich seines Optimalverhaltens kommt, unabhängig davon, ob z seine Einzahlungen in DM oder aber in US-$ zum Zeitpunkt t = 1 beschreibt!

Lösungen

Aufgabe 1:

Gemäß Aufgabenstellung lautet das zu lösende Optimierungsproblem wie folgt:

$$u(\tau_{DM}, \tau_{US}) = \tau_{DM}^a \cdot \tau_{US}^b \to \max_{\tau_{DM}, \tau_{US}}! \qquad (25)$$

Dabei ist

$$p_{DM} \cdot \tau_{DM} + p_{US} \cdot w \cdot \tau_{US} = A_0 \qquad (26)$$

zu beachten. Das heißt, das Entscheidungssubjekt verwendet seine Anfangsausstattung vollständig für den Erwerb des DM-Güterbündels (DM-Preis pro ME: p_{DM}) und des US-$-Güterbündels (DM-Preis pro ME: $p_{US} \cdot w$). Ausgaben in einem geringeren Umfang als A_0 sind nicht sinnvoll, da durch Ausschöpfung etwaiger Restbeträge die Konsumgütermengen τ_{DM} und/oder τ_{US} und damit auch das Nutzenniveau u des Entscheidungssubjekts erhöht werden könnten.

Das durch (25) und (26) beschriebene Entscheidungsproblem läßt sich auf verschiedene Arten lösen. Laut Aufgabenstellung sollte ein *Lagrange*-Ansatz gewählt werden:

$$L(\tau_{DM}, \tau_{US}, \lambda) = \tau_{DM}^a \cdot \tau_{US}^b - \lambda \cdot (p_{DM} \cdot \tau_{DM} + p_{US} \cdot w \cdot \tau_{US} - A_0) \to \max_{\tau_{DM}, \tau_{US}, \lambda}! \qquad (27)$$

Die notwendigen (und hinreichenden) Bedingungen für den optimalen Güterkonsum erhält man durch die Bildung der drei maßgeblichen partiellen Ableitungen von (27):

I. $\dfrac{\partial L}{\partial \tau_{DM}} = a \cdot \tau_{DM}^{a-1} \cdot \tau_{US}^{b} - \lambda \cdot p_{DM} = 0,$

II. $\dfrac{\partial L}{\partial \tau_{US}} = \tau_{DM}^{a} \cdot b \cdot \tau_{US}^{b-1} - \lambda \cdot p_{US} \cdot w = 0,$ (28)

III. $\dfrac{\partial L}{\partial \lambda} = -p_{DM} \cdot \tau_{DM} - p_{US} \cdot w \cdot \tau_{US} + A_0 = 0.$

Aus I. in (28) folgt:

$$\lambda = \dfrac{a \cdot \tau_{DM}^{a-1} \cdot \tau_{US}^{b}}{p_{DM}}.$$ (29)

Entsprechend resultiert aus II. von (28)

$$\lambda = \dfrac{b \cdot \tau_{DM}^{a} \cdot \tau_{US}^{b-1}}{p_{US} \cdot w}.$$ (30)

Gleichsetzung von (29) und (30) liefert:

$$a \cdot p_{US} \cdot w \cdot \tau_{US} = b \cdot p_{DM} \cdot \tau_{DM}.$$ (31)

III. aus (28) schließlich kann nach τ_{US} aufgelöst werden:

$$\tau_{US} = \dfrac{A_0 - p_{DM} \cdot \tau_{DM}}{p_{US} \cdot w}.$$ (32)

Substituiert man auf der Grundlage von (32) τ_{US} in (31), so ergibt sich

$$p_{DM} \cdot \tau_{DM} = \dfrac{a}{a+b} \cdot A_0.$$ (33)

Aus (33) kann man ablesen, daß die Gesamtausgaben des Entscheidungssubjekts in DM für das DM-Güterbündel bei Optimalverhalten den Anteil a/(a+b) des gesamten verfügbaren Anfangsvermögens ausmachen, also dem Verhältnis des zum Konsum des DM-Güterbündels gehörenden Exponenten a zur Summe beider Exponenten a+b entsprechen. Gilt a+b = 1, dann ist der optimale Anteil des Anfangsvermögens, den das Entscheidungssubjekt für die Beschaffung von Einheiten des DM-Güterbündels aufwenden sollte, gerade mit a identisch.

Ersetzt man nun mittels (33) $p_{DM} \cdot \tau_{DM}$ in (31), resultiert des weiteren

$$p_{US} \cdot w \cdot \tau_{US} = \frac{b}{a+b} \cdot A_0. \tag{34}$$

Die optimalen Ausgaben in DM für den Erwerb von Einheiten des US-$-Güterbündels bestimmen sich demnach gerade als Anteil b/(a+b) des gesamten für das Entscheidungssubjekt verfügbaren Anfangsvermögens A_0. Die Interpretation ist ganz analog zu der von (33).

(33) und (34) können in die ursprüngliche Nutzenfunktion $u(\tau_{DM}, \tau_{US})$ des Entscheidungssubjekts eingesetzt werden. Dies liefert als maximal erreichbares Nutzenniveau u^*:

$$u^* = \left(\frac{A_0}{a+b}\right)^{a+b} \cdot a^a \cdot b^b \cdot \left(\frac{1}{p_{DM}}\right)^a \cdot \left(\frac{1}{p_{US} \cdot w}\right)^b, \tag{35}$$

wie bereits im Lehrbuch auf S. 101 ff. im Rahmen des Zahlenbeispiels 6 ausgeführt wurde.

Aufgabe 2:
1) Am negativen Vorzeichen des quadratischen Terms der Risiko-Nutzenfunktion u erkennt man, daß es sich hierbei um eine nach unten geöffnete Parabel handelt. Diese verläuft bis zu ihrem Scheitelpunkt streng monoton steigend. Der Scheitelpunkt wiederum ist durch einen Grenznutzen von gerade Null charakterisiert. Die zum Scheitelpunkt gehörige DM-Einzahlung bestimmt sich daher über den folgenden Ansatz:

$$u'(z) = 0$$
$$\Leftrightarrow 1 - 0{,}002 \cdot z = 0 \tag{36}$$
$$\Leftrightarrow z_s = 500.$$

Man prüft leicht, daß der Grenznutzen für $z < 500$ in der Tat positiv ist. Alles in allem sollte man deswegen nur Entscheidungssituationen betrachten, in denen keine über 500 GE hinausgehenden Größen vorkommen.

2) Die Unternehmerin verfügt über zwei Handlungsalternativen. Mit $a^{(1)}$ sei der Verzicht auf die Durchführung eines Devisentermingeschäfts bezeichnet, mit $a^{(2)}$ entsprechend der Terminverkauf von 400 DM in $t = 0$ per Termin $t = 1$ zu einem Terminwechselkurs $w_{0,1}^{(f)}$. Mit $s^{(1)}$ sei die Situation im Falle von $w_1 = 1$ DM/US-\$ bezeichnet, mit $s^{(2)}$ der Umweltzustand mit $w_1 = 0{,}8$ DM/US-\$.

Die Einzahlungen der Unternehmerin belaufen sich dann bei Entscheidung für $a^{(1)}$ zustandsunabhängig auf 400 DM. Bei Wahl von $a^{(2)}$ ergibt sich hingegen zustandsunabhängig ein US-\$-Betrag von $400/w_{0,1}^{(f)}$. Im Zustand $s^{(1)}$ entspricht dies einem DM-Wert von betragsmäßig ebenfalls $400/w_{0,1}^{(f)}$. Im Zustand $s^{(2)}$ hingegen erhält man nur $(400/w_{0,1}^{(f)}) \cdot 0{,}8 = 320/w_{0,1}^{(f)}$ als DM-Gegenwert. Auf der Grundlage dieser Informationen können nun die mit den beiden Handlungsalternativen aus Sicht der Unternehmerin bei Abstellen auf DM-Einzahlungen erreichbaren Erwartungsnutzenniveaus ermittelt werden. Man erhält:

$$a^{(1)}: E[u(\tilde{z}_{DM})] = u(400) = 240,$$

$$a^{(2)}: E[u(\tilde{z}_{DM})] = 0{,}8 \cdot u\left(\frac{400}{w_{0,1}^{(f)}}\right) + 0{,}2 \cdot u\left(\frac{320}{w_{0,1}^{(f)}}\right) \tag{37}$$
$$= \frac{384}{w_{0,1}^{(f)}} - \frac{148{,}48}{w_{0,1}^{(f)2}}.$$

Bei Abstellen auf die US-$-Beträge hingegen führt $a^{(2)}$ zu einer zustandsunabhängigen Einzahlung, nämlich in Höhe von $400/w_{0,1}^{(f)}$. $a^{(1)}$ liefert im Zustand $s^{(1)}$ einen Betrag von $400/1 = 400$ US-\$ und im Zustand $s^{(2)}$ $400/0,8 = 500$ US-\$. Auf dieser Grundlage lassen sich wiederum die von der Unternehmerin je nach Alternativenwahl erreichbaren Erwartungsnutzenwerte bestimmen:

$$a^{(1)}: \quad E[u(\tilde{z}_{US})] = 0,8 \cdot u(400) + 0,2 \cdot u(500) = 242,$$

$$a^{(2)}: \quad E[u(\tilde{z}_{US})] = u\left(\frac{400}{w_{0,1}^{(f)}}\right) \qquad (38)$$

$$= \frac{400}{w_{0,1}^{(f)}} - \frac{160}{w_{0,1}^{(f)2}}.$$

Um sowohl bei der Anknüpfung an den DM- als auch an den US-$-Zahlungen den Bereich positiven Grenznutzens nicht zu verlassen, muß $400/w_{0,1}^{(f)} \leq 500$, also $w_{0,1}^{(f)} \geq 0,8$ DM/US-\$, als Restriktion beachtet werden.

3) Gesucht sind solche Terminkursniveaus $w_{0,1}^{(f)} \geq 0,8$ DM/US-\$, daß die Unternehmerin entweder

a) sich bei DM-Orientierung für $a^{(1)}$ und bei US-\$-Orientierung für $a^{(2)}$ entscheidet oder aber

b) beim DM-Ansatz $a^{(2)}$ wählt, beim US-\$-Ansatz hingegen $a^{(1)}$.

Zu diesem Zweck sind zunächst einmal kritische Terminkurse in Abhängigkeit von der gewählten Währung für $a^{(1)}$ und $a^{(2)}$ so zu bestimmen, daß die Unternehmerin zwischen den beiden möglichen Verhaltensweisen gerade indifferent ist.

Für die in DM definierte Risiko-Nutzenfunktion sind beide Handlungsalternativen gleich gut, wenn gilt:

$$240 = \frac{384}{w_{0,1}^{(f)}} - \frac{148{,}48}{w_{0,1}^{(f)2}}$$

$$\Leftrightarrow 240 \cdot w_{0,1}^{(f)2} - 384 \cdot w_{0,1}^{(f)} + 148{,}48 = 0 \qquad (39)$$

$$\Leftrightarrow w_{0,1}^{(f)} = 0{,}8 \pm \sqrt{0{,}64 - 0{,}618\overline{6}}.$$

Da die zweite Zeile von (39) infolge des positiven Faktors vor dem Quadrat des Terminkurses eine nach oben geöffnete Parabel beschreibt, erweist sich $a^{(2)}$ der Alternative $a^{(1)}$ genau dann als überlegen, wenn der Terminkurs zwischen den beiden durch die letzte Zeile von (39) beschriebenen Nullstellen liegt. Die Alternative $a^{(2)}$ wird damit für Terminwechselkurse aus dem Intervall[3] (0,6539; 0,9461) der Alternative $a^{(1)}$ vorgezogen. Für Terminwechselkurse unterhalb von 0,6539 DM/US-\$ oder oberhalb von 0,9461 DM/US-\$ ist hingegen $a^{(1)}$ besser. Weil außerdem die Restriktion $w_{0,1}^{(f)} \geq 0{,}8$ DM/US-\$ zu beachten ist, erhält man für Terminkurse unterhalb von 0,9461 DM/US-\$ die Vorteilhaftigkeit von $a^{(2)}$, für Terminkurse oberhalb von 0,9461 DM/US-\$ hingegen die Vorteilhaftigkeit von $a^{(1)}$.

Der Ansatz zur Nullstellenbestimmung bei einer in US-\$ definierten Risiko-Nutzenfunktion lautet entsprechend:

$$242 = \frac{400}{w_{0,1}^{(f)}} - \frac{160}{w_{0,1}^{(f)2}}$$

$$\Leftrightarrow 242 \cdot w_{0,1}^{(f)2} - 400 \cdot w_{0,1}^{(f)} + 160 = 0 \qquad (40)$$

$$\Leftrightarrow w_{0,1}^{(f)} \approx 0{,}82645 \pm \sqrt{0{,}68301 - 0{,}66116}.$$

---

[3] Die Intervallgrenzen stellen auf vier Stellen genau gerundete Werte dar.

Weil wieder durch die zweite Zeile aus (40) eine nach oben geöffnete Parabel charakterisiert wird, erweist sich $a^{(2)}$ dieses Mal für Terminwechselkurse aus dem Intervall[4] (0,6786; 0,9743) als überlegen. Ansonsten ist bei US-$-Orientierung $a^{(1)}$ der Vorzug zu geben. Unter Beachtung der Restriktion $w_{0,1}^{(f)} \geq 0,8$ DM/US-$ fällt demnach für Terminwechselkurse unterhalb von 0,9743 DM/US-$ die Entscheidung zugunsten von $a^{(2)}$, für darüber gelegene Terminkurse hingegen zugunsten von $a^{(1)}$. Für Terminwechselkurse aus dem Intervall (0,9461; 0,9743) ergibt sich also ein echter Widerspruch in der Reihung der beiden Handlungsalternativen je nach zugrunde gelegter Währung: Bei Ansatz an den DM-Einzahlungen erweist sich $a^{(1)}$ als eindeutig überlegen, bei Ansatz an den US-$-Einzahlungen hingegen $a^{(2)}$. An den Intervallgrenzen liegt nur in abgemilderter Form eine unterschiedliche Alternativenbeurteilung je nach Währungswahl vor. Für $w_{0,1}^{(f)} \approx 0,9461$ DM/US-$ ist bei Ansatz an den DM-Einzahlungen Indifferenz zwischen $a^{(1)}$ und $a^{(2)}$ zu beobachten, während bei Definition der Nutzenfunktion in den US-$-Einzahlungen $a^{(2)}$ eindeutig besser ist. Entsprechend ist für $w_{0,1}^{(f)} \approx 0,9743$ DM/US-$ und Ansatz an den DM-Einzahlungen $a^{(1)}$ eindeutig überlegen, während auf der Grundlage der US-$-Einzahlungen Gleichwertigkeit von $a^{(1)}$ und $a^{(2)}$ resultiert.

4) Der erwartete Kassawechselkurs des Zeitpunktes t = 1 bestimmt sich als

$$E(\tilde{w}_1) = 0,8 \cdot 1 + 0,2 \cdot 0,8 = 0,96 \in (0,9461; 0,9743). \tag{41}$$

Bei Gültigkeit der Terminkurstheorie der Wechselkurserwartung, $w_{0,1}^{(f)} = E(\tilde{w}_1)$, liegt hier also in der Tat eine von der jeweiligen Wahl der relevanten Währung (DM oder US-$) abhängige Beurteilung der Handlungsalternativen vor.

Bemerkenswert ist allerdings, daß für zahlreiche denkbare Terminkursausprägungen die Festlegung der relevanten Währung bedeutungslos für die Reihung der Handlungsalternativen ist. Natürlich kann man sich ganz generell fragen, unter welchen Voraussetzungen trotz in unterschiedlichen Währungen definierten Risi-

---

[4] Die Intervallgrenzen sind erneut auf vier Dezimalstellen genau gerundet.

ko-Nutzenfunktionen das Kurssicherungsverhalten von Entscheidungssubjekten (weitgehend) identisch ist. Diese Frage geht über die im Lehrbuch im Rahmen des Abschnitts 1 aus Kapitel III. behandelte Numéraire-Problematik hinaus. Bei letzterer wurde nur geprüft, ob für gegebene Präferenzen die Maßgutwahl von Bedeutung sein kann. Dies wurde bekanntermaßen für die Ermittlung der Rangfolge von Handlungsalternativen verneint. Im Rahmen der zuletzt angesprochenen Problematik geht es darum, daß verschiedene Subjekte Güter mit (originären) Preisen in jeweils verschiedenen Währungen konsumieren, also über unterschiedliche Präferenzen verfügen. Für die hier betrachtete Aufgabenstellung etwa liegen bei der oben präsentierten Orientierung an den DM-Einzahlungen andere Präferenzen als beim Ansatz an den US-$-Zahlungen vor. Der Ansatz der DM-Einzahlungen impliziert den Konsum von Gütern allein mit konstanten DM-Preisen, der Ansatz der US-$-Einzahlungen unterstellt hingegen den Konsum allein von Gütern mit konstanten Preisen in US-$. Bei stochastischem Wechselkurs und Voraussetzung des Gesetzes des Einheitspreises können die Preise eines Gutes in DM und in US-$ zu einem zukünftigen Zeitpunkt nicht beide deterministisch sein, so daß je nach der im Rahmen der Nutzenfunktion zugrunde gelegten Währung zwingend unterschiedliche Konsumstrukturen und dementsprechend unterschiedliche Konsumpräferenzen impliziert sind.[5]

Wie exemplarisch gezeigt, mag es hier nun aber trotzdem sein, daß die Beurteilung der Alternativen gewissermaßen "präferenzunabhängig" erfolgen kann. In der Literatur wird diese Frage allgemeiner unter dem Stichwort "Universal Currency Hedging" diskutiert. Grundlegend hierzu ist der Beitrag von *Black* (1990).[6] Der Begriff deutet an, daß man universelle Aussagen zum sinnvollen

---

[5] Diese Schlußfolgerung gilt auch dann, wenn man Verletzungen des Gesetzes des Einheitspreises zuläßt. Denn selbst wenn man unterstellte, daß bei Definition der Nutzenfunktion in DM wie in US-$ jeweils die gleichen Güter konsumiert würden, nur einmal beschafft zu konstanten DM-, das andere Mal beschafft zu konstanten US-$-Preisen, lägen de facto in beiden Fällen unterschiedliche Konsumstrukturen und damit Konsumpräferenzen vor.

[6] Siehe auch den Übersichtsaufsatz von *Brandenberger* (1995).

Kurssicherungsverhalten von Entscheidungsträgern unabhängig von ihrer jeweiligen Konsumwährung treffen möchte. Es dürfte nicht sehr überraschen, daß hier in allgemeiner Form allerdings nur begrenzt aussagekräftige Ergebnisse hergeleitet werden können. Damit bleibt die Relevanz der Konsumwährung, nicht der Recheneinheit (!), grundsätzlich erhalten.

Aufgabe 3:
Diese Aufgabe liefert ein weiteres Beispiel, daß durchaus Fälle denkbar sind, in denen die Irrelevanz der konkreten Präferenzen für eine Entscheidungsfindung im Rahmen des Währungsmanagements resultiert. Für $u(z) = \ln z$ spricht man im übrigen von einer logarithmischen Risiko-Nutzenfunktion. Diese ist empirisch wie theoretisch recht bedeutsam, da sie eine "konstante relative Risikoaversion" impliziert.[7]

Bei Rechnung in DM erhält man auf dieser Grundlage als Erwartungsnutzenwerte der beiden Handlungsalternativen:

$$a^{(1)}: E[u(\tilde{z}_{DM})] = 0{,}9 \cdot \ln 1.080 + 0{,}1 \cdot \ln 885{,}6 \approx 6{,}9649,$$

$$a^{(2)}: E[u(\tilde{z}_{DM})] = \ln 1.058{,}4 \approx 6{,}9645. \tag{42}$$

Bei Zugrundelegung einer in US-$ definierten Risikonutzenfunktion erhält man

$$a^{(1)}: E[u(\tilde{z}_{US})] = \ln 1.080 \approx 6{,}9847,$$

$$a^{(2)}: E[u(\tilde{z}_{US})] = 0{,}9 \cdot \ln 1.058{,}4 + 0{,}1 \cdot \ln 1290{,}73 \approx 6{,}9844. \tag{43}$$

Sowohl bei Rechnung in DM als auch bei Rechnung in US-$ erweist sich die Handlungsalternative $a^{(1)}$, das "Nichtstun", als die überlegene Verhaltensweise.

---

[7] Vgl. zu diesem Begriff auch Aufgabe 2 aus Abschnitt 4 dieses Kapitels.

2 Wechselkursrisiko, Hedging und Spekulation

Übungsaufgaben

Aufgabe 1:

Das Unternehmen Sunshine-Island Corp. ist im vollständigen Eigentum der Deutschen Holding AG. Die (stark vereinfachte) Eröffnungsbilanz von Sunshine-Island sieht in Fremdwährungseinheiten (FWE) folgendermaßen aus:

Sunshine-Island Corp., t = 0, FWE

Anlagevermögen	900	Eigenkapital	400
Vorräte	400	langfr. Verbindl.	200
Kasse	100	kurzfr. Verbindl.	800
	1.400		1.400

Tabelle 4: Eröffnungsbilanz der Sunshine-Island Corp.

Der Wechselkurs in t = 0 beträgt w_0 = 1 DM/FWE. In t = 1 beläuft sich der Wechselkurs w_1, verursacht durch eine erhebliche Inflation auf den Sunshine Islands, auf 0,2 DM/FWE. Die Bilanz in Fremdwährung des Zeitpunktes t = 1 sei unverändert. Bestimmen Sie den durch die Wechselkursentwicklung von t = 0 bis t = 1 für die Deutsche Holding AG resultierenden Bilanzerfolg bei Anwendung des Stichtagskursverfahrens und bei Anwendung des Fristigkeitsverfahrens! Was ist an den ermittelten Ergebnissen bemerkenswert?

Aufgabe 2:
Kauffrau A verhalte sich gemäß dem Prinzip der Erwartungsnutzenmaximierung. Ihre Nutzenfunktion kann durch $u(z_1) = 500 \cdot z_1 - 0,8 \cdot z_1^2$ beschrieben werden, wobei z_1 die kumulierten Einzahlungen von Kauffrau A in Inlandswährung bis zum Zeitpunkt t = 1 bezeichne. Der Kurs für den Abschluß eines Terminge-

schäfts mit Fälligkeit in t = 1 beläuft sich in t = 0 auf $w_{0,1}^{(f)}$ = 1,45 DM/US-$, der Kassakurs in t = 0 auf w_0 = 1,43 DM/US-$. In t = 1 steht eine Einzahlung in Höhe von e = 100 US-$ an.

1) Über welchen Typ von Nutzenfunktion verfügt die Unternehmerin? Skizzieren Sie den Verlauf dieser Nutzenfunktion! Welche einschränkende Annahme ist hinsichtlich der möglichen Einzahlungen in Inlandswährung notwendig, um unplausible Ergebnisse auszuschließen? Welche Aussagen lassen sich bezüglich Risikopräferenz und Entscheidungsverhalten von A unmittelbar treffen?

2) Berechnen Sie den Erwartungsnutzen von A für die Situation, daß keine Absicherung der eingehenden Zahlung in t = 1 vorgenommen wird ($\tilde{z}_1$ = $\tilde{w}_1 \cdot e$), und für den Fall, daß e US-$ in t = 0 per Termin t = 1 verkauft werden! Unterstellen Sie dabei, daß $\tilde{w}_1$ mit jeweils 50%iger Wahrscheinlichkeit entweder den Wert 1,40 DM/US-$ oder aber den Wert 1,50 DM/US-$ annimmt! Welche Handlungsalternative führt zu einem höheren Erwartungsnutzenniveau, und warum ist dieses Ergebnis nicht sehr überraschend?

Aufgabe 3:

In Abwandlung von Aufgabe 2 sei nun angenommen, daß der höhere Kassakurs von 1,50 DM/US-$ mit der Wahrscheinlichkeit 0,6 eintrete. Belegen Sie, daß Kauffrau A unter diesen Umständen auf den Terminverkauf der Devisen verzichtet, wenn wie bisher weitere Einkommenspositionen von A unberücksichtigt bleiben! Tatsächlich verfügt A aber aufgrund ihrer erfolgreichen Geschäftstätigkeit in t = 1 über zusätzliche (sichere) Einzahlungen in Höhe von 162,5 DM. Zeigen Sie, daß sich für A der Terminverkauf von 100 US-$ unter Berücksichtigung dieses zusätzlichen Einkommensbestandteils dem Verzicht auf Termingeschäftsaktivitäten nun doch wieder als überlegen erweist. Wie beurteilen Sie die Plausibilität dieser Resultate?

Lösungen

Aufgabe 1:

Da der Wechselkurs w_0 des Zeitpunktes $t = 0$ sich gerade auf 1 DM/FWE beläuft, stimmt die DM-Bilanz des Zeitpunktes $t = 0$ betragsmäßig mit der in der Aufgabenstellung angegebenen Bilanz in Fremdwährungseinheiten überein. Bei Anwendung des Stichtagskursverfahrens werden alle Bilanzpositionen zum Stichtagskurs, hier also $w_1 = 0{,}2$ DM/FWE, umgerechnet. Damit ergibt sich im Zeitpunkt $t = 1$ die folgende Bilanz:

Sunshine-Island Corp., $t = 1$, DM

Anlagevermögen	180	Eigenkapital	80
Vorräte	80	langfr. Verbindl.	40
Kasse	20	kurzfr. Verbindl.	160
	280		280

Tabelle 5: DM-Bilanz der Sunshine-Island Corp. nach Stichtagskursverfahren

Der von $t = 0$ bis $t = 1$ durch die Wechselkursänderung auftretende Umrechnungserfolg beläuft sich auf die eingetretene Änderung der Eigenkapitalhöhe, also auf 80 - 400 = -320. Diesen Umrechnungsverlust von 320 DM kann man auch direkt durch Anwendung der auf S. 112 des Lehrbuchs angegebenen Formel $(V_s-K_s) \cdot (\bar{w}_1-w_0)$ ermitteln. Dazu ist lediglich $V_s = 1.400$ FWE und $K_s = 1.000$ FWE anzusetzen, da sämtliche Aktiva und sämtliche Passiva (unter Ausklammerung des anfänglichen Eigenkapitals) zum aktuellen Wechselkurs umgerechnet werden. Es ergibt sich damit als Umrechnungserfolg

$$(V_s-K_s) \cdot (w_1-w_0) = 400 \cdot (-0{,}8) = -320 \text{ FWE}. \tag{44}$$

Natürlich entspricht diese Größe betragsmäßig gerade 80 % des ursprünglichen Eigenkapitals. Wenn also nach dem Stichtagskursverfahren umgerechnet wird, dann impliziert dies, daß für diesen Fall das in Fremdwährung ausgewiesene Eigenkapital des Zeitpunktes t = 0 (bei in Fremdwährung von t = 0 bis t = 1 unveränderter Bilanz) im Zeitpunkt t = 1 ebenfalls einfach zum dann gültigen Stichtagskurs umgerechnet wird.

Beim Fristigkeitsverfahren werden das Anlagevermögen und die langfristigen Verbindlichkeiten zu historischen Kursen, hier w_0, umgerechnet, während kurzfristige Verbindlichkeiten und Umlaufvermögen zum Stichtagskurs bewertet werden. Damit ergibt sich als DM-Bilanz des Zeitpunktes t = 1:

Sunshine-Island Corp., t = 1, DM

Anlagevermögen	900	Eigenkapital	640
Vorräte	80	langfr. Verbindl.	200
Kasse	20	kurzfr. Verbindl.	160
	1.000		1.000

Tabelle 6: DM-Bilanz der Sunshine-Island Corp. nach Fristigkeitsverfahren

Es resultiert bei diesem zweiten Verfahren demnach ein Umrechnungsgewinn von 640-400 = 240 DM. Wieder kann dieses Ergebnis auch einfacher durch Anwendung der Formel von S. 112 des Lehrbuchs gewonnen werden. Hier gilt nämlich $V_s = 400+100 = 500$ FWE sowie $K_s = 800$ FWE und somit

$$(V_s - K_s) \cdot (w_1 - w_0) = -300 \cdot (-0{,}8) = 240. \tag{45}$$

Während die Aufwertung der DM demnach beim Fristigkeitsverfahren zu einem Umrechnungsverlust führt, ergibt sich bei Anwendung des Stichtagskursverfahrens ein Umrechnungsgewinn. Da sich die Ertragssituation von Mutter- und Tochtergesellschaft bei Abstraktion von jeglichen steuerlichen Aspekten völlig unabhängig vom gewählten Umrechnungsverfahren in beiden Fällen als identisch darstellt, spricht dies nicht sehr für die Sachgerechtheit einer Orientierung von Entscheidungen im Rahmen des unternehmerischen Währungsmanagements am

Translationsrisiko. Diese Einschätzung kann sich jedoch ändern, wenn der Ausweis eines Umrechnungsverlusts aus Unternehmersicht nachteilige Reaktionen etwa seitens externer Kapitalgeber hervorruft. Zu diskutieren ist hierbei allerdings, warum diese sich an der zunächst einmal irrelevanten Größe "Umrechnungserfolg" bei ihren Entscheidungen orientieren sollten. Denkbar wäre, daß bessere Informationen für die externen Kapitalgeber nicht verfügbar sind. Letzten Endes gelangt man hierbei zu der Frage nach der ökonomischen Relevanz von Jahresabschlußinformationen schlechthin. Der interessierte Leser sei hierzu beispielsweise auf *Hartmann-Wendels* (1991) verwiesen.

Aufgabe 2:
Kauffrau A verfügt über eine quadratische Risiko-Nutzenfunktion. Graphisch handelt es sich hierbei um eine nach unten geöffnete Parabel, die durch den Ursprung geht und ihren Scheitelpunkt an der Stelle $z_1 = 312{,}5$ DM hat. Letzteren ermittelt man durch Nullsetzen der ersten Ableitung von $u(z_1)$, also $u'(z_1) = 500 - 1{,}6 \cdot z_1 = 0$. Der Verlauf der Risiko-Nutzenfunktion ist in *Abbildung 2* skizziert. Sinnvollerweise ist dabei die Betrachtung auf den aufsteigenden Ast der Normalparabel zu beschränken.

Unter der Voraussetzung einer quadratischen Risiko-Nutzenfunktion sind für ein Entscheidungssubjekt bei Anwendung des *Bernoulli*-Prinzips allein Erwartungswert μ und Varianz σ^2 der künftigen kumulierten DM-Einzahlungen relevant. Konkret gilt hier für den Erwartungsnutzen der Kauffrau A:

$$
\begin{aligned}
E[u(\tilde{z}_1)] &= 500 \cdot E(\tilde{z}_1) - 0{,}8 \cdot E(\tilde{z}_1^2) \\
&= 500 \cdot E(\tilde{z}_1) - 0{,}8 \cdot [E^2(\tilde{z}_1) + \text{Var}(\tilde{z}_1)] \qquad (46) \\
&= 500 \cdot \mu - 0{,}8 \cdot (\mu^2 + \sigma^2).
\end{aligned}
$$

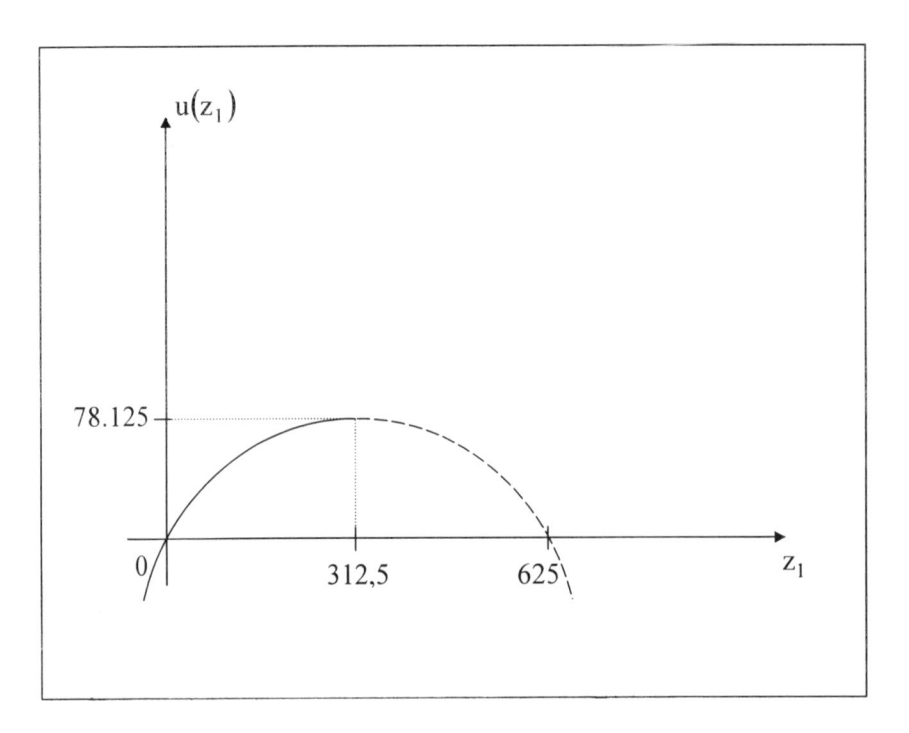

Abbildung 2: Verlauf der Risiko-Nutzenfunktion von Kauffrau A

2) Im Falle des Verzichts auf Terminverkauf der 100 US-$ im Zeitpunkt t = 0 per Termin t = 1 resultieren als Erwartungswert μ und Varianz σ^2 der kumulierten DM-Einzahlungen der Unternehmerin bis zum Zeitpunkt t = 1:

$$\mu = 0{,}5 \cdot 150 + 0{,}5 \cdot 140 = 145 \text{ DM},$$

$$\sigma^2 = 0{,}5 \cdot (150-145)^2 + 0{,}5 \cdot (140-145)^2 = 25 \text{ DM}^2. \tag{47}$$

Als Erwartungsnutzen erhält man für Kauffrau A damit:

$$E[u(\tilde{z}_1)] = 500 \cdot 145 - 0{,}8 \cdot [145^2 + 25] = 55.660. \tag{48}$$

Im Falle des Terminverkaufs der gesamten 100 US-$ in t = 0 per Termin t = 1 zum Terminkurs $w_{0,1}^{(f)} = 1{,}45$ DM/US-$ gelangt Kauffrau A zu einer sicheren

Einzahlung von 145 DM zum Zeitpunkt t = 1. Damit einher geht ein Erwartungsnutzenniveau von

$$E[u(\tilde{z}_1)] = 500 \cdot 145 - 0{,}8 \cdot 145^2 = 55.680, \tag{49}$$

so daß die Unternehmerin für das hier betrachtete Entscheidungsproblem die vollständige Absicherung dem Verzicht auf Terminmarktaktivitäten vorziehen wird.

In der Tat ist dieses Ergebnis nicht sonderlich überraschend. Aus den getroffenen Annahmen folgt die Gültigkeit der Terminkurstheorie der Wechselkurserwartung, d.h. hier $E(\tilde{w}_1) = w_{0,1}^{(f)}$. Damit ist der erwartete Erfolgsbeitrag eines jeden Termingeschäfts stets Null, da der Termineinstands- oder -verkaufspreis für Devisen gerade dem erwarteten Kassaverkaufs- bzw. -bezugspreis entspricht. Da die Erwartungsnutzenfunktion von Kauffrau A ohnehin nur von μ und σ^2 der kumulierten DM-Einzahlungen abhängig ist und sich hier also μ als nicht beeinflußbar erweist, reduziert sich die Zielfunktion der Entscheiderin auf reine Varianzminimierung. Weil durch den Terminverkauf von 100 US-$ eine sichere Einzahlung in DM erreichbar ist, erweist sich dieses Verhalten als das hier allein zweckmäßige.

Aufgabe 3:
Die Modifikation der Eintrittswahrscheinlichkeiten für den hohen und niedrigen Kassawechselkurs ist im Falle der vollständigen Wechselkurssicherung bedeutungslos, da sich die Einzahlungen für Kauffrau A hier zustandsunabhängig auf 145 DM belaufen. Lediglich für den Fall des Absicherungsverzichts ist eine Neuberechnung von μ und σ^2 erforderlich.

$$\begin{aligned} \mu &= 0{,}6 \cdot 150 + 0{,}4 \cdot 140 = 146 \text{ DM}, \\ \sigma^2 &= 0{,}6 \cdot (150-146)^2 + 0{,}4 \cdot (140-146)^2 = 24 \text{ DM}^2. \end{aligned} \tag{50}$$

Der zugehörige Erwartungsnutzen auf der Grundlage von (50) beläuft sich auf

$$E[u(\tilde{z}_1)] = 500 \cdot 146 - 0{,}8 \cdot [146^2 + 24] = 55.928. \tag{51}$$

Für diese neue Parameterkonstellation ist der Absicherungsverzicht damit die bessere Handlungsalternative. Die Ursache hierfür liegt natürlich darin, daß der erwartete Kassakurs nun mit einem Niveau von $E(\tilde{w}_1) = 0{,}6 \cdot 1{,}5 + 0{,}4 \cdot 1{,}4 = 1{,}46$ DM/US-\$ über dem Terminkurs $w_{0,1}^{(f)}$ von 1,45 DM/US-\$ liegt und damit im Rahmen eines Kassaverkaufs der Devisen im Erwartungswert ein derart deutlich besseres Ergebnis als im Rahmen eines etwaigen Terminverkaufs erreicht wird, daß das hiermit verbundene höhere Risiko aus Sicht der Entscheidungsträgerin überkompensiert wird.

Wenn die Unternehmerin über weiteres sicheres Einkommen in Höhe von 162,5 DM verfügt, dann bewirkt dies für beide in Erwägung gezogenen Verhaltensweisen lediglich einen Anstieg des Erwartungswertes der kumulierten Einzahlungen bis t = 1 um ebendiesen Betrag. Zu beachten ist, daß auch jetzt noch stets $z_1 \leq 312{,}5$ DM gilt, was gemäß 1) aus Aufgabe 2 als Nebenbedingung für ökonomisch sinnvolle Betrachtungen hergeleitet worden war. Der erreichbare Erwartungsnutzenwert bei Verzicht auf Absicherung steigt nun auf

$$E[u(\tilde{z}_1)] = 500 \cdot (146 + 162{,}5) - 0{,}8 \cdot [(146 + 162{,}5)^2 + 24] = 78.093. \tag{52}$$

Bei vollständiger Absicherung erhält man entsprechend

$$E[u(\tilde{z}_1)] = 500 \cdot (145 + 162{,}5) - 0{,}8 \cdot (145 + 162{,}5)^2 = 78.105. \tag{53}$$

Damit erweist sich die vollständige Absicherung mit einem Male dem Absicherungsverzicht als überlegen. Kauffrau A verhält sich demnach als Konsequenz ihres höheren Gesamteinkommens "risikoscheuer" als zuvor. Hierbei handelt es sich um eine generelle Implikation quadratischer Risiko-Nutzenfunktionen.[8] Mit wachsendem Einkommen nimmt bei Zugrundelegung einer quadratischen Risiko-Nutzenfunktion die Attraktivität risikobehafteter Handlungsalternativen im Ver-

---

[8] Vgl. beispielsweise auch *Breuer/Gürtler/Schuhmacher* (1999).

gleich zu sichern ceteris paribus ab. Ein derartiges Verhalten wirkt allerdings weder plausibel, noch ist es als typisch in empirischen Untersuchungen aufzufassen. Eher wird man eine gegenteilige Verhaltensweise als vorherrschend vermuten. In der Tat dürfte dies die wesentliche Schwäche der Annahme einer quadratischen Risiko-Nutzenfunktion sein. Ihr Vorzug liegt dafür in der einfachen analytischen Handhabbarkeit. Andere, plausibleres Verhalten induzierende Arten von Risiko-Nutzenfunktionen lassen sich hingegen nicht mehr so einfach behandeln. Aus diesem Grunde und wegen der Hoffnung[9], daß quadratische Risiko-Nutzenfunktionen wenigstens als Approximationen anderer Risikopräferenzen in Frage kommen, wird im Rahmen des Lehrbuchs auf die Diskussion anderer Risiko-Nutzenfunktionen grundsätzlich verzichtet.[10]

---

[9] Wenngleich es hierfür theoretische Anhaltspunkte gibt, kann diese Hoffnung im Einzelfall durchaus deutlich enttäuscht werden. Vgl. zu ersterem etwa *Ohlson* (1975) und zu letzterem *Breuer/Gürtler* (1999). In *Breuer/Gürtler* (1999) wird die aus Abschnitt 3 im Kapitel IV. des Lehrbuchs bekannte Kurssicherungsproblematik eines Unternehmers im Rahmen einer internationalen Ausschreibung einer breiten Analyse unter Berücksichtigung verschiedener Arten von Risiko-Nutzenfunktionen unterzogen. Es zeigt sich, daß die im Lehrbuch auf der Grundlage einer quadratischen Risiko-Nutzenfunktion hergeleitete Strategie zum Hedging allein mit Forwards nur für bestimmte Parameterkonstellationen empfehlenswert ist.

[10] Vgl. zu einer ausführlichen Diskussion verschiedener Zielfunktionen im Rahmen des generellen Portfoliomanagements etwa *Breuer/Gürtler/Schuhmacher* (1999).

3 Kurssicherungsinstrumente

Übungsaufgaben

Aufgabe 1:

Betrachtet werde eine deutsche Unternehmerin, die in t = 1 mit dem Eingang einer Forderung über 1.000 US-$ rechnet. Sie hat die Möglichkeit, die Forderung für 1.200 DM in t = 0 an einen sogenannten Factor, das heißt ein Unternehmen, das gewerbsmäßig Forderungen aufkauft, zu veräußern. Wie lautet ohne Forderungsverkauf der DM-Zahlungsstrom (z_0^+, z_1^+) der deutschen Unternehmerin, wie mit dem Forderungsverkauf? Gehen Sie dabei sowohl auf den Fall ein, daß die Fremdwährungszahlung mit Sicherheit in t = 1 erbracht werden kann, wie auch auf den, daß die Forderung ausfallbedroht ist! Unterstellen Sie für den letzteren Fall lediglich die Möglichkeit eines Totalausfalls, wobei Sie ferner danach differenzieren sollen, ob der Factor das auch als Delkredererisiko bezeichnete Ausfallrisiko vollständig selber trägt oder aber die deutsche Unternehmerin gegenüber dem Factor regreßpflichtig ist!

Aufgabe 2:

Betrachtet werde eine deutsche Unternehmerin, die in t = 0 über einen DM-Betrag in Höhe von A_0 verfügt. Diesen DM-Betrag kann die Unternehmerin in Deutschland zu einem Periodenzinssatz von r_I für zwei Perioden bis t = 2 anlegen. Sie kann die Mittel aber auch in US-$ umtauschen und anschließend zu einem Periodenzinssatz von r_A in den USA bis t = 2 anlegen. Die Zinssätze sollen darüber hinaus auch Gültigkeit haben für sichere (einperiodige) Verschuldungen in DM bzw. US-$.

1) Leiten Sie die Gleichung der Zinsparitätentheorie für den Zwei-Perioden-Fall her, indem Sie unterstellen, daß die deutsche Unternehmerin ihre etwaige Auslandsanlage in t = 0 durch den Abschluß eines Devisenforwardgeschäfts zum Forwardkurs $w_{0,2}^{(f)}$ absichern würde!

2) Angenommen, eine etwaige Auslandsanlage könnte in t = 0 nur durch den Abschluß eines Devisenfuturesgeschäfts (mit einer Initial Margin von Null) zum Futureskurs $w_{0,2}^{(f)}$ abgesichert werden, wobei in t = 1 eine sofort zahlungswirksame Zwischenabrechnung des Futuresgeschäfts erfolgt. Welche "alternative" Formulierung der Zinsparitätentheorie ergibt sich hiermit, wenn Zinseffekte aus der zwischenzeitlichen Futuresabrechnung berücksichtigt werden und von Sicherheit oder Risikoneutralität wenigstens eines deutschen Marktteilnehmers ausgegangen wird? Unterstellen Sie bei Ihren Herleitungen, daß sich der Devisenterminverkauf des Zeitpunktes t = 0 gerade auf die für t = 2 sicher erwarteten Einzahlungen aus der Fremdwährungsanlage beläuft!

Aufgabe 3:

Eine deutsche Unternehmerin habe in t = 1 eine Verbindlichkeit über 1.000 US-$ zu bedienen. Zu diesem Zweck legt sie x US-$ von t = 0 bis t = 1 an, um aus den Anlageerlösen ihre Schuld zu begleichen. Welcher "implizite" Devisenterminkurs für die Absicherung der Fremdwährungsauszahlung ergibt sich im Rahmen dieses Finanzhedgings?

Aufgabe 4:

Gegeben sei eine Drei-Zeitpunkte-Betrachtung bei Risiko. Eine deutsche Unternehmerin erhält in t = 2 eine sichere Einzahlung von e_2 US-$. Sie möchte sich bereits in t = 0 gegen das Umwechslungsrisiko des Zeitpunktes t = 2 absichern. In t = 0 sind jedoch nur Forwardgeschäfte mit Fälligkeit in t = 1 verfügbar. Angenommen, die Unternehmerin verkauft in t = 0 e_2 US-$ per Termin t = 1 und in t = 1 erneut e_2 US-$ per Termin t = 2. Welche kumulierte Einzahlung resultiert für sie in DM im Zeitpunkt t = 2, wenn man Zinseffekte berücksichtigt? Wie lautet ihre Einzahlung im Zeitpunkt t = 2, wenn sie sich über Finanzhedging in Form einer kombinierten Fremdwährungsverschuldung und Heimatwährungsanlage von t = 0 bis t = 2 absichert? Welche der beiden Verfahrensweisen ist unter Risikoaspekten vorzuziehen, und weshalb könnte die Unternehmerin sich u.U. doch für die risikoreichere Verhaltensweise entscheiden? Bezeichnen Sie hierbei mit r_I und r_A die in Deutschland bzw. den USA in $t = 0$ und $t = 1$ jeweils geltenden Ein-Perioden-Zinssätze für sichere Anlage/Verschuldung!

Lösungen

Aufgabe 1:
Unter der Voraussetzung sicheren Eingangs der Forderung in t = 1 ergeben sich für die Unternehmerin bei Verzicht auf den Forderungsverkauf Einzahlungen von $(z_0^+, z_1^+) = (0, 1.000 \cdot \tilde{w}_1)$. Hierbei bezeichnet $\tilde{w}_1$ wie gewöhnlich den im Zeitpunkt t = 1 herrschenden ungewissen Kassakurs. Für den Fall des Forderungsverkaufs ist es wegen der Prämisse des sicheren Zahlungseingangs von 1.000 US-$ nicht von Bedeutung, ob der Factor auch das Delkredererisiko übernimmt oder nicht. Vielmehr erhält die Unternehmerin hierbei stets sichere DM-Einzahlungen von (1.200, 0) in den Zeitpunkten t = 0 und t = 1.

Für den Fall einer ausfallbedrohten Forderung über 1.000 US-$ sei mit $\tilde{e}_1$ die unsichere Fremdwährungszahlung bezeichnet, die der Schuldner in t = 1 tatsächlich auf die ausstehenden 1.000 US-$ leistet. Ohne Forderungsverkauf gilt $(z_0^+, z_1^+) = (0, \tilde{e}_1 \cdot \tilde{w}_1)$. Im Falle eines Forderungsverkaufs mit Übernahme des Delkredererisikos durch den Factor tauscht die Unternehmerin die gerade beschriebene ursprüngliche Zahlungsreihe wieder gegen (1.200, 0). Verbleibt das Delkredererisiko bei der Unternehmerin, ergibt sich hingegen eine Zahlungsreihe von $(1.200, (\tilde{e}_1 - 1.000) \cdot \tilde{w}_1)$.

Aufgabe 2:
1) Die Anlage eines DM-Betrags in Höhe von A_0 von t = 0 bis t = 2 zu einem Zinssatz r_I liefert in t = 2 unter Beachtung von Zinseszinseffekten Rückflüsse von $A_0 \cdot (1 + r_I)^2$. Alternativ kann der DM-Betrag in t = 0 zunächst in A_0/w_0 US-$ getauscht und bis t = 2 zu r_A in den USA angelegt werden. Dies liefert für den Zeitpunkt t = 2 einen US-$-Betrag von $(A_0/w_0) \cdot (1 + r_A)^2$. Durch Terminverkauf dieses Betrags in t = 0 per Termin t = 2 kann sich die deutsche Unternehmerin für t = 2 einen DM-Rückfluß in Höhe von $(A_0/w_0) \cdot (1 + r_A)^2 \cdot w_{0,2}^{(f)}$ sichern. Im Gleichgewicht müssen beide Anlagestrategien zum gleichen Ergebnis führen, da ansonsten die Möglichkeit risikoloser Gewinne durch niedrigverzinsliche Verschuldung und hochverzinsliche Mittelanlage bestünde. Die Argumentation ent-

spricht hier der aus dem Lehrbuch auf S. 38 für den einfachen Ein-Perioden-Fall. Man erhält damit:

$$A_0 \cdot (1+r_I)^2 = \frac{A_0}{w_0} \cdot (1+r_A)^2 \cdot w_{0,2}^{(f)}$$

$$\Leftrightarrow \left(\frac{1+r_I}{1+r_A}\right)^2 \cdot w_0 = w_{0,2}^{(f)}.$$

(54)

Gleichung (54) beschreibt die Zinsparitätentheorie im Rahmen einer Zwei-Perioden-Betrachtung. Die Verallgemeinerung für die Betrachtung von T > 2 Perioden dürfte auf der Hand liegen. Der Exponent ist für diesen Fall allgemein mit T zu bezeichnen und der relevante Terminkurs mit $w_{0,T}^{(f)}$.

2) Erfolgt von t = 0 bis t = 2 die Absicherung eines Fremdwährungszuflusses x zum Zeitpunkt t = 2 durch den Terminverkauf von x US-$ über ein Futuresgeschäft mit zwischenzeitlicher Abrechnung in t = 1, dann ergeben sich hierbei unter Beachtung von Zinseffekten insgesamt die folgenden kumulierten DM-Einzahlungen bis zum Zeitpunkt t = 2:

$$x \cdot \tilde{w}_2 + x \cdot (w_{0,2}^{(f)} - \tilde{w}_{1,2}^{(f)}) \cdot (1+r_I) + x \cdot (\tilde{w}_{1,2}^{(f)} - \tilde{w}_{2,2}^{(f)})$$
$$= x \cdot [w_{0,2}^{(f)} + r_I \cdot (w_{0,2}^{(f)} - \tilde{w}_{1,2}^{(f)})],$$

(55)

da $\tilde{w}_{2,2}^{(f)} = \tilde{w}_2$ gilt.

Im Rahmen des hier konkret betrachteten Entscheidungsproblems wird x = $(A_0/w_0) \cdot (1+r_A)^2$ vorausgesetzt. Bei Sicherheit hinsichtlich des künftigen Terminkurses des Zeitpunktes t = 1 per Termin t = 2 muß der über (55) beschriebene (als sicher angenommene) DM-Erlös des Zeitpunkts t = 1 gerade mit $A_0 \cdot (1+r_I)^2$ übereinstimmen. Bei Risiko, aber risikoneutralen Marktteilnehmern muß der Erwartungswert von (55) gerade mit $A_0 \cdot (1+r_I)^2$ identisch sein. Weil letzteres Szenario die Annahme der Sicherheit als Spezialfall enthält, sei im weiteren nur die

Situation bei Risikoneutralität näher erörtert. Die hier für ein Gleichgewicht erforderliche Unmöglichkeit der Realisation positiver erwarteter Gewinne erfordert:

$$A_0 \cdot (1+r_I)^2 = \frac{A_0}{w_0} \cdot (1+r_A)^2 \cdot \{w_{0,2}^{(f)} + r_I \cdot [w_{0,2}^{(f)} - E(\tilde{w}_{1,2}^{(f)})]\}$$

$$\Rightarrow \left(\frac{1+r_I}{1+r_A}\right)^2 \cdot w_0 = w_{0,2}^{(f)} + r_I \cdot [w_{0,2}^{(f)} - E(\tilde{w}_{1,2}^{(f)})]. \tag{56}$$

Im Gegensatz zur Bestimmungsgleichung (54) für den Fall einer Absicherung über Devisenforwards tritt beim Einsatz von Futuresgeschäften ein Korrekturterm $r_I \cdot [w_{0,2}^{(f)} - E(\tilde{w}_{1,2}^{(f)})]$ zur Erfassung der Zinseffekte aus der Zwischenabrechnung des Devisenfuturesgeschäfts hinzu. Überdies resultiert aus der Zwischenabrechnung, daß mittels Devisenfutures kein Perfect Hedge möglich ist und daher die Herleitung von (56) im Gegensatz zu der von (54) Risikoneutralität erfordert.

Recht naheliegend ist die Annahme, daß auch im Zeitpunkt $t = 1$ per Termin $t = 2$ Termingeschäfte abgeschlossen werden können. Dann aber muß bei Risikoneutralität aus Sicht von $t = 0$ der für den Zeitpunkt $t = 1$ mit Fälligkeit in $t = 2$ erwartete Terminkurs $E(\tilde{w}_{1,2}^{(f)})$ gerade dem aus $t = 0$ mit gleicher Fälligkeit $t = 2$ ($w_{0,2}^{(f)}$) entsprechen. Als Konsequenz hieraus läßt sich (56) in (54) überführen. Nicht vergessen werden sollte aber, daß die Herleitung im Rahmen der Betrachtung von Devisenfuturesgeschäften Risikoneutralität (oder Sicherheit) als weitere Prämisse erfordert.

Aufgabe 3:

Da die Unternehmerin in $t = 1$ Auszahlungen in Höhe von 1.000 US-$ mit einem unsicheren DM-Gegenwert von $1.000 \cdot \tilde{w}_1$ zu leisten hat, besteht das Ziel in der Generierung von Einzahlungen in ebenfalls der Höhe von 1.000 US-$ zum Zeitpunkt $t = 1$, um auf diese Weise zu einer sicheren Einzahlungsposition in DM zu gelangen. Zu diesem Zweck muß die Unternehmerin in $t = 0$ eine Anlage von 1.000/(1+r_A) US-$ zu einem Zinssatz r_A tätigen, da dies in t = 1 zu Zuflüssen von exakt 1.000 US-$ führt. Der für die Durchführung dieser Anlage in t = 0 benötigte DM-Betrag beläuft sich entsprechend auf [1.000/(1+r_A)]·w_0. Die Aufnahme dieser Summe in t = 0 bis t = 1 zu einem Zinssatz r_I führt zu einer DM-Rückzahlungsverpflichtung für t = 1 von [1.000/(1+r_A)]·w_0·(1+r_I). Insgesamt belaufen sich die (negativen) DM-Einzahlungen der Unternehmerin zum Zeitpunkt t = 1 auf

$$-1.000 \cdot \tilde{w}_1 + \frac{1.000}{1+r_A} \cdot (1+r_A) \cdot \tilde{w}_1 - \frac{1.000}{1+r_A} \cdot w_0 \cdot (1+r_I)$$
$$= -1.000 \cdot \frac{1+r_I}{1+r_A} \cdot w_0.$$
(57)

Im Ergebnis wirkt das gerade beschriebene Finanzhedging wie der Terminkauf von 1.000 US-$ in t = 0 per Termin t = 1 zum (impliziten) Terminkurs [(1+r_I)/(1+r_A)]·w_0. Natürlich behält (57) auch dann Gültigkeit, wenn die Unternehmerin in t = 0 nicht mittellos ist, sondern über ein hinreichend hohes DM-Vermögen zur Tätigung der in diesem Zeitpunkt erforderlichen US-$-Anlage verfügt. In diesem Fall sind nämlich DM-Mindererlöse in Höhe von [1.000/(1+r_A)] ·w_0·(1+r_I) zum Zeitpunkt t = 1 infolge reduzierter DM-Anlage zu berücksichtigen.

Aufgabe 4:
Der revolvierende einperiodige Terminverkauf von e_2 US-$ führt zu einer kumulierten DM-Gesamteinzahlung des Zeitpunktes t = 2 von

$$e_2 \cdot \tilde{w}_2 + e_2 \cdot (w_{0,1}^{(f)} - \tilde{w}_1) \cdot (1+r_I) + e_2 \cdot (\tilde{w}_{1,2}^{(f)} - \tilde{w}_2)$$
$$= e_2 \cdot \tilde{w}_{1,2}^{(f)} + e_2 \cdot (w_{0,1}^{(f)} - \tilde{w}_1) \cdot (1+r_I).$$
(58)

Hierbei bleiben die Gesamteinzahlungen in DM aufgrund mangelnder sicherer Kenntnis des künftigen Terminkurses $\tilde{w}_{1,2}^{(f)}$ und des künftigen Kassakurses $\tilde{w}_1$

grundsätzlich ungewiß. Im Rahmen eines Finanzhedgings mit der Aufnahme eines Fremdwährungskredits von t = 0 bis t = 2 bei gleichzeitiger zweiperiodiger Anlage der erhaltenen Mittel in DM hingegen ergäben sich per Saldo sichere DM-Einzahlungen in Höhe von $e_2 \cdot [(1+r_I)/(1+r_A)]^2 \cdot w_0$ zum Zeitpunkt t = 2. Da eine vollständige Risikoelimination hier nur durch Finanzhedging erreichbar ist, ist der einzige denkbare Grund für den Rückgriff auf kurzfristig revolvierenden Einsatz von Devisenfuturesgeschäften in den dadurch erreichbaren höheren erwarteten DM-Erlösen des Zeitpunktes t = 2, also in gewissen Spekulationsmotiven, zu sehen. Beispielsweise könnte dies für $E(\tilde{w}_{1,2}^{(f)}) = 1$ DM/US-\$, $w_0 = 0,8$ DM/US-\$, $w_{0,1}^{(f)} = E(\tilde{w}_1)$ sowie $r_I = r_A$ der Fall sein. Die erwartete DM-Einzahlung bei kurzfristig revolvierender Sicherung beliefe sich hierbei auf e_2, während im Rahmen des Finanzhedgings nur (sichere) Einzahlungen in DM von $0,8 \cdot e_2$ resultierten. Auch wenn demnach langfristige Sicherungsmöglichkeiten mittels Finanzhedgingmaßnahmen zur Verfügung stehen, mag aufgrund eines ungünstigen "impliziten" Devisenterminkurses der (unvollkommenen) kurzfristig revolvierenden Absicherung mittels Devisenfuturesgeschäften der Vorzug gegeben werden.[11]

---

[11] Natürlich kann man gegen die gerade dargelegte Überlegung einwenden, daß bei einem für Devisenterminverkäufe derartig ungünstigen impliziten Devisenterminkurs dieser doch dann zu ertragreichen (spekulativ orientierten) Devisenterminkäufen genutzt werden könnte. In der Tat wäre dies bei hinreichend geringer Risikoaversion der Entscheidungsträgerin separat zu prüfen.

4 Ein Zwei-Fonds-Theorem und das Exposure-Konzept

Übungsaufgaben

Aufgabe 1:
1) Zeigen Sie formal, daß ein Entscheidungssubjekt mit einer quadratischen Risiko-Nutzenfunktion $u(z_T) = a \cdot z_T + b \cdot z_T^2$ ($a > 0$, $b < 0$) bei sicherer Gültigkeit der Ungleichung $\tilde{z}_T \leq -a/(2 \cdot b)$ in jedem Fall eine μ-σ-effiziente Handlungsalternative wählen wird!

2) Zeigen Sie in Abwandlung von Aufgabe 3 aus Abschnitt 2 dieses Kapitels, daß sich für Kauffrau A die sicheren Einzahlungen von 162,5 DM bei Voraussetzung einer Präferenzfunktion $\Phi(\mu,\sigma^2) = \mu - 0{,}5 \cdot \alpha \cdot \sigma^2$ mit festem $\alpha > 0$ als entscheidungsirrelevant erweisen, wobei μ den Erwartungswert und σ^2 die Varianz der kumulierten Einzahlungen von Kauffrau A in Inlandswährung bis $t = 1$ bezeichnen!

3) Aus 1) folgt, daß es für ein gegebenes Entscheidungsproblem zu jeder (sinnvollen) quadratischen Nutzenfunktion eine Präferenzfunktion $\Phi(\mu,\sigma^2) = \mu - 0{,}5 \cdot \alpha \cdot \sigma^2$ mit festem $\alpha > 0$ gibt, so daß die optimale Handlungsalternative bei Zugrundelegung dieser Präferenzfunktion mit der im Falle der quadratischen Nutzenfunktion übereinstimmt. Aus 2) in Verbindung mit Aufgabe 3 aus Abschnitt 2 dieses Kapitels jedoch ergibt sich, daß bei einer Präferenzfunktion $\Phi(\mu,\sigma^2) = \mu - 0{,}5 \cdot \alpha \cdot \sigma^2$ mit festem $\alpha > 0$ sichere Zahlungskomponenten entscheidungsirrelevant sind, während dies bei Zugrundelegung einer quadratischen Nutzenfunktion nicht der Fall ist. Was bedeutet das für den Risikoaversionsparameter $\alpha > 0$, wenn man zu einer gegebenen quadratischen Nutzenfunktion für unterschiedliche Entscheidungssituationen eine jeweils äquivalente, also zur gleichen Verhaltensweise führende, Präferenzfunktion der Form $\Phi(\mu,\sigma^2) = \mu - 0{,}5 \cdot \alpha \cdot \sigma^2$ ermittelt?

Aufgabe 2:
Unternehmerin B habe die Auswahl zwischen zwei Handlungsalternativen. Handlungsalternative 1 führt mit jeweils 50%iger Wahrscheinlichkeit zu Einzahlungen

von 0 DM oder von 1.000 DM. Bei Handlungsalternative 2 ergeben sich mit ebenfalls jeweils 50%iger Wahrscheinlichkeit Einzahlungen von 0 DM oder von 2.000 DM.

1) Belegen Sie, daß die Unternehmerin in jedem Fall, das heißt für beliebige streng monoton steigende (Risiko-) Nutzenfunktionen, die Alternative 2 der Alternative 1 vorziehen wird!
2) Ermitteln Sie für beide Handlungsalternativen Erwartungswert und Varianz der erreichbaren Einzahlungen! Zeigen Sie, daß es bei Zugrundelegung einer Zielfunktion der Form $\Phi(\mu,\sigma^2) = \mu - 0{,}5 \cdot \alpha \cdot \sigma^2$ Werte $\alpha > 0$ so gibt, daß Alternative 1 zu einem höheren Zielerreichungsgrad führt als Alternative 2! Mit μ sei dabei der Erwartungswert der DM-Einzahlungen der Unternehmerin im Zeitpunkt t = 1 bezeichnet, mit σ^2 die zugehörige Varianz.
3) Welche Konsequenzen ergeben sich aus der Gegenüberstellung der Ergebnisse aus 1) und 2) für den Zusammenhang zwischen Präferenzfunktionen der Form $\Phi(\mu,\sigma^2) = \mu - 0{,}5 \cdot \alpha \cdot \sigma^2$ und (sinnvollen) quadratischen Risiko-Nutzenfunktionen?

Aufgabe 3:
Zeigen Sie, daß der im Rahmen einer linearen Regression einer Zufallsvariablen z_T auf eine Zufallsvariable $z_T^{(1)}$ mittels der Methode der kleinsten Quadrate verbleibende Störterm $\tilde{\varepsilon}$ unkorreliert ist mit $z_T^{(1)}$!

Aufgabe 4: (15 min)
Gegeben sei eine Unternehmerin mit einer (*Bernoulli-*) Nutzenfunktion u(z) = $1000 \cdot z - 0{,}05 \cdot z^2$, wobei z den ihr zufließenden DM-Einzahlungsüberschuß im Zeitpunkt t = 1 bezeichnet. In t = 1 gebe es zwei mögliche Umweltzustände. Im Zustand $s^{(1)}$ erziele die Unternehmerin Einzahlungen in Höhe von 500 US-$, im Zustand $s^{(2)}$ Einzahlungen von 1.000 US-$. Die Wahrscheinlichkeit für den Zustand $s^{(1)}$ sei ⅔. Der Kassakurs w_1 des Zeitpunktes t = 1 zwischen DM und US-$ sei ungewiß und belaufe sich im Zustand $s^{(1)}$ auf 1 DM/US-$, im Zustand $s^{(2)}$ hingegen auf 0,8 DM/US-$. Die Unternehmerin habe die Möglichkeit, x ∈

[-4.800, 4.800] US-$ in t = 0 per Termin t = 1 zu verkaufen. Dabei gelte die Terminkurstheorie der Wechselkurserwartung.

1) In welchem Umfang wird sich die Unternehmerin in dem Termingeschäft engagieren? Wie lauten ihre zustandsabhängigen Einzahlungen unter Beachtung des optimalen Terminengagements?
2) Wie ändert sich das Ergebnis im Falle der Risikoneutralität der Unternehmerin?

Aufgabe 5: (15 min)
Es seien die Voraussetzungen von Aufgabenteil 2) aus Aufgabe 4 zugrunde gelegt. In Abwandlung von Aufgabe 4 2) sei des weiteren angenommen, daß die Unternehmerin zustandsunabhängig Zahlungen in Höhe von 400 DM an Gläubiger zu leisten hat. Zur Bedienung dieser Forderung der Gläubiger stehen nur die Einzahlungen aus der unternehmerischen Tätigkeit gemäß Aufgabe 4 nach Hinzurechnung von etwaigen Einzahlungsüberschüssen bzw. nach Abzug von etwaigen Auszahlungsdefiziten aus einem Terminmarktengagement zur Verfügung. Die Gläubigeransprüche werden damit erst nach den etwaigen Ansprüchen des Transaktionspartners der Unternehmerin aus dem Termingeschäft bedient, und die Unternehmerin realisiert in keinem Falle negative Zahlungspositionen.

1) Ermitteln Sie die erwarteten DM-Einzahlungen der Unternehmerin nach Begleichung der Gläubigerforderung, wenn auf den Abschluß eines Devisentermingeschäfts verzichtet wird!
2) Worin könnte das Motiv der Unternehmerin zum Abschluß eines Devisentermingeschäfts unter den hier gesetzten Prämissen bestehen? Versuchen Sie möglichst, eine optimale Handlungsempfehlung unter der Restriktion herzuleiten, daß die Unternehmerin nur den Terminverkauf von $x \in [-4.800, 4.800]$ US-$ in Erwägung zieht!

Lösungen

Aufgabe 1:

1) Der Erwartungsnutzen im Rahmen der zugrunde gelegten quadratischen Risiko-Nutzenfunktion bestimmt sich als

$$E[u(\tilde{z}_T)] = a \cdot E(\tilde{z}_T) + b \cdot [E^2(\tilde{z}_T) + Var(\tilde{z}_T)]. \tag{59}$$

Daraus resultiert sofort, daß mit einem ceteris paribus erfolgenden Anstieg der Varianz von $\tilde{z}_T$ der erreichbare Erwartungsnutzen fällt. Hinsichtlich der Konsequenzen einer Erhöhung des Erwartungswertes von $\tilde{z}_T$ scheint auf den ersten Blick Uneindeutigkeit zu bestehen, da $a > 0$, aber $b < 0$ gilt. In der Tat ist jedoch bekannt, daß nur Zufallsvariablen $\tilde{z}_T$ betrachtet werden, deren jeweils maximale Realisation mindestens gerade noch im Bereich nicht-negativen Grenznutzens liegt. Hier bedeutet dies, daß $z_T \leq -a/(2\cdot b)$ für alle möglichen Ausprägungen z_T von $\tilde{z}_T$ gelten muß. Dann ist aber auch der Erwartungswert von $\tilde{z}_T$ nicht größer als $-a/(2\cdot b)$. Im Falle von $E(\tilde{z}_T) \leq -a/(2\cdot b)$ sind die Funktion $a \cdot E(\tilde{z}_T) + b \cdot E^2(\tilde{z}_T)$ und damit der Erwartungsnutzen des betrachteten Entscheidungssubjekts streng monoton steigend in $E(\tilde{z}_T)$. Folglich wirken eine Varianzreduktion und/oder eine Erwartungswerterhöhung demnach ceteris paribus stets positiv aus Sicht des Entscheidungsträgers, weswegen nur μ-σ-effiziente Handlungsalternativen überhaupt als Optimallösungen in Betracht gezogen werden müssen.

2) Bei Annahme einer μ-σ-Präferenzfunktion der Form $\Phi(\mu,\sigma^2) = \mu - 0,5 \cdot \alpha \cdot \sigma^2$ bewirkt die Hinzunahme eines bestimmten sicheren Einkommensbestandteils Δ lediglich eine entsprechende Erhöhung der erwarteten Einzahlungen um ebendiesen Wert, während die Varianz σ^2 konstant bleibt. Dies impliziert, daß sich die Präferenzwerte aller Handlungsalternativen um den gleichen Betrag Δ erhöhen. Die Rangfolge der Handlungsalternativen gemäß ihrer Vorziehenswürdigkeit aus Sicht des Entscheidungssubjekts wird durch die zusätzliche Berücksichtigung von sicheren Einkommensbestandteilen Δ daher nicht berührt.

3) Weil bei Entscheidungen auf der Grundlage einer quadratischen Risiko-Nutzenfunktion in jedem Fall eine μ-σ-effiziente Handlungsalternative gewählt wird, gibt es bei jedem konkreten Entscheidungsproblem für gegebene Risiko-Nutzenfunktion (mindestens) einen Parameterwert α, so daß die Entscheidung auf der Grundlage einer Präferenzfunktion der Form $\Phi(\mu,\sigma^2) = \mu - 0{,}5 \cdot \alpha \cdot \sigma^2$ mit der auf der Grundlage der vorausgesetzten quadratischen Risiko-Nutzenfunktion übereinstimmt. Im Zusammenhang mit der Aufgabe 3 aus Abschnitt 2 dieses Kapitels zeigt sich nun aber, daß für konstante quadratische Risiko-Nutzenfunktion bei Betrachtung verschiedener Entscheidungsprobleme die äquivalenten Werte für den Parameter α variieren können. Nur so ist es nämlich möglich, daß sich bei einer Variation des sicheren DM-Einkommens im Zeitpunkt t = 1 und Annahme einer Präferenzfunktion der Form $\Phi(\mu,\sigma^2) = \mu - 0{,}5 \cdot \alpha \cdot \sigma^2$ unterschiedliche optimale Verhaltensweisen ergeben.

Die Unterstellung einer quadratischen Risiko-Nutzenfunktion ist damit zwar grundsätzlich geeignet, den Ansatz einer Präferenzfunktion der Form $\Phi(\mu,\sigma^2) = \mu - 0{,}5 \cdot \alpha \cdot \sigma^2$ zu rechtfertigen, doch ist im Rahmen einer komparativ-statischen Betrachtung bei Variation von Parametern des Entscheidungsproblems die Annahme der Konstanz von α im allgemeinen nicht vereinbar mit der Voraussetzung einer konstanten quadratischen Risiko-Nutzenfunktion. Unterstellt man Konstanz von α, so bedeutet das implizit einen Wechsel in der zugehörigen quadratischen Risiko-Nutzenfunktion im Rahmen komparativ-statischer Analysen.

Aufgabe 2:
1) Die Erwartungsnutzenwerte für die beiden Handlungsalternativen bestimmen sich für beliebige Risiko-Nutzenfunktion $u(\tilde{z}_T)$ wie folgt:

Alternative 1: $E[u(\tilde{z}_T)] = 0{,}5 \cdot u(0) + 0{,}5 \cdot u(1.000)$,

Alternative 2: $E[u(\tilde{z}_T)] = 0{,}5 \cdot u(0) + 0{,}5 \cdot u(2.000)$.
(60)

Da $u(2.000) > u(1.000)$ für jede streng monoton steigende Risiko-Nutzenfunktion gilt, wird Alternative 2 auf jeden Fall der Alternative 1 vorgezogen. Dieses

Ergebnis dürfte unmittelbar plausibel sein, und niemand würde wohl ernsthaft für Alternative 1 votieren.[12]

2) Erwartungswert und Varianz der durch Alternative 1 erreichbaren DM-Einzahlungen bestimmen sich wie folgt:

$$E(\tilde{z}_T) = 0{,}5 \cdot 1.000 = 500,$$
$$Var(\tilde{z}_T) = 0{,}5 \cdot (0-500)^2 + 0{,}5 \cdot (1.000-500)^2 = 250.000. \tag{61}$$

Die entsprechenden Werte für Alternative 2 lauten

$$E(\tilde{z}_T) = 0{,}5 \cdot 2.000 = 1.000,$$
$$Var(\tilde{z}_T) = 0{,}5 \cdot (0-1.000)^2 + 0{,}5 \cdot (2.000-1.000)^2 = 1.000.000. \tag{62}$$

Auf der Grundlage von (61) und (62) sind Werte von α derart gesucht, daß der Präferenzwert $\Phi(\mu, \sigma^2)$ der Alternative 1 über dem der Alternative 2 liegt. Es soll also gelten

$$500 - 0{,}5 \cdot \alpha \cdot 250.000 > 1.000 - 0{,}5 \cdot \alpha \cdot 1.000.000$$
$$\leftrightarrow 375.000 \cdot \alpha > 500 \tag{63}$$
$$\leftrightarrow \alpha > 0{,}001\overline{3}.$$

3) Es ist bereits bekannt, daß für gegebenes Entscheidungsproblem und gegebene (sinnvolle) quadratische Risiko-Nutzenfunktion mindestens ein Parameter α existiert, so daß man mittels der Präferenzfunktion $\Phi(\mu, \sigma^2)$ zur selben Alternativenrangfolge wie bei direktem Ansatz an der quadratischen Risiko-Nutzenfunktion gelangt. Der Umkehrschluß gilt jedoch nicht. Das heißt, nicht zu jedem Parameter α läßt sich eine passende quadratische Risiko-Nutzenfunktion finden, die

---

[12] In der Tat liegt hier "stochastische Dominanz erster Ordnung" vor. Vgl. zu diesem Konzept beispielsweise *Huang/Litzenberger* (1993), S. 40 f., oder auch *Breuer/Gürtler/Schuhmacher* (1999).

die gleiche Alternativenrangfolge induziert. Im Rahmen des Zahlenbeispiels etwa wird für hinreichend hohe Werte von α zwar Alternative 1 unter 2) der Alternative 2 vorgezogen. Doch ist eine derartige Alternativenrangfolge für alle überhaupt denkbaren (sinnvollen) quadratischen Risiko-Nutzenfunktionen ausgeschlossen.

Der Ansatz einer μ-σ-Präferenzfunktion der Form $\Phi(\mu,\sigma^2) = \mu - 0{,}5 \cdot \alpha \cdot \sigma^2$ sieht sich bei Rechtfertigung über eine quadratische Risiko-Nutzenfunktion nicht nur dem Problem ausgesetzt, daß α keine situationsunabhängige Konstante sein kann, sondern auch, daß manche Werte für α gar nicht auftreten können. Derartige Schwierigkeiten treten also noch zusätzlich auf, wenn man die ohnehin in ihren Implikationen nicht immer sehr plausible Klasse der quadratischen Risiko-Nutzenfunktionen aus Gründen der vereinfachten formalen Betrachtungsmöglichkeit durch μ-σ-Präferenzfunktionen der Form $\Phi(\mu,\sigma^2) = \mu - 0{,}5 \cdot \alpha \cdot \sigma^2$ nur indirekt abzubilden beabsichtigt.

Häufig wird darauf verwiesen, daß die Präferenzfunktion $\Phi(\mu,\sigma^2) = \mu - 0{,}5 \cdot \alpha \cdot \sigma^2$ mit festem α dann nutzentheoretisch fundiert werden kann, wenn die Wahrscheinlichkeitsverteilung der kumulierten zukünftigen DM-Einzahlungen in jedem Fall einer Normalverteilung genügt und die Risiko-Nutzenfunktion des Entscheidungssubjekts exponentiell, d.h. von der Form $u(z_T) = -\exp(-\alpha \cdot z_T)$, ist.[13] Eine exponentielle Risiko-Nutzenfunktion hat hierbei den Vorteil, daß die Risikoscheu des Entscheidungsträgers mit wachsendem Einkommen konstant bleibt, und dies ist zumindest ein wenig plausibler als die durch quadratische Risiko-Nutzenfunktionen induzierte wachsende Risikoaversion mit zunehmendem Vermögen.[14] Da-

---

[13] Vgl. hierzu etwa *Rudolph* (1979), S. 19, sowie *Neus* (1989), S. 44 f.

[14] Noch plausibler dürften allerdings Risiko-Nutzenfunktionen mit konstanter relativer Risikoaversion sein wie etwa die logarithmische aus Aufgabe 3 des Abschnitts 1 dieses Kapitels. Derartige Risiko-Nutzenfunktionen implizieren, daß ein Entscheidungssubjekt mit wachsendem Anfangsvermögen die prozentuale Aufteilung dieses Betrags auf riskante und risikolose Anlagemöglichkeiten konstant hielte. Weil hierbei mit wachsendem Vermögen absolut immer

für ist aber die Annahme der Normalverteilung im Rahmen des unternehmerischen Währungsmanagements schon wegen der Unmöglichkeit negativer Wechselkurse unmittelbar als unzutreffend zu klassifizieren. Aus diesem Grunde wurde dieser denkbaren Begründung für μ-σ-Präferenzfunktionen im Rahmen des Lehrbuchs auch nicht weiter nachgegangen.

Aufgabe 3:
Im Rahmen einer linearen Regression von $\tilde{z}_T$ auf $\tilde{z}_T^{(1)}$ versucht man, $\tilde{z}_T$ als lineare Funktion von $\tilde{z}_T^{(1)}$ darzustellen:

$$\tilde{z}_T = \lambda + \beta \cdot \tilde{z}_T^{(1)} + \tilde{\epsilon}$$
$$\Leftrightarrow \tilde{\epsilon} = \tilde{z}_T - \lambda - \beta \cdot \tilde{z}_T^{(1)}. \tag{64}$$

Dabei gilt $\beta \equiv \mathrm{Cov}(\tilde{z}_T, \tilde{z}_T^{(1)})/\mathrm{Var}(\tilde{z}_T^{(1)})$. Auf dieser Grundlage läßt sich nun die Kovarianz zwischen $\tilde{z}_T^{(1)}$ und $\tilde{\epsilon}$ berechnen:

$$\begin{aligned}
& \mathrm{Cov}(\tilde{z}_T^{(1)}, \tilde{\epsilon}) \\
&= \mathrm{Cov}(\tilde{z}_T^{(1)}, \tilde{z}_T - \lambda - \beta \cdot \tilde{z}_T^{(1)}) \\
&= \mathrm{Cov}(\tilde{z}_T^{(1)}, \tilde{z}_T) - \frac{\mathrm{Cov}(\tilde{z}_T^{(1)}, \tilde{z}_T)}{\mathrm{Var}(\tilde{z}_T^{(1)})} \cdot \mathrm{Var}(\tilde{z}_T^{(1)}) \\
&= 0.
\end{aligned} \tag{65}$$

Bei den Herleitungen im Rahmen von (65) ist zu beachten, daß die additive Konstante λ für die Ermittlung von Kovarianzen keine Rolle spielt und deswegen unmittelbar vernachlässigt werden kann. Ein Kovarianzwert von Null ist natürlich gleichbedeutend mit der Unkorreliertheit, nicht: Unabhängigkeit, der betreffen-

---

mehr riskant investiert wird, verläuft die absolute Risikoscheu damit fallend im Vermögen des Subjekts.

den Zufallsvariablen, so daß der geforderte Nachweis hiermit erbracht worden ist.

Aufgabe 4:
1) Einmal mehr wird ein Entscheidungssubjekt mit quadratischer Risiko-Nutzenfunktion betrachtet. Da überdies die Terminkurstheorie der Wechselkurserwartung gilt und lediglich der Einsatz von Devisenforwards in Erwägung gezogen wird, vereinfacht sich hier die Zielsetzung der Unternehmerin zur reinen Minimierung der Varianz ihrer bis zum Zeitpunkt t = 1 kumulierten Einzahlungen $\tilde{z}_1^{(K)}$ in DM. Mit $\tilde{z}_1$ als den DM-Einzahlungen aus dem unternehmerischen Grundgeschäft gilt für die gesamten DM-Einzahlungen $\tilde{z}_1^{(K)}$ der Unternehmerin:

$$\tilde{z}_1^{(K)} = \tilde{z}_1 + x \cdot (w_{0,1}^{(f)} - \tilde{w}_1). \tag{66}$$

Da hier lediglich zwei Umweltzustände auftreten können, ist es grundsätzlich möglich, schon mit einem Instrument, hier: dem Einsatz von Devisenforwards, eine sichere Position in DM zu erreichen. Zu diesem Zweck müssen x US-$ per Termin so verkauft werden, daß zustandsunabhängig die gleiche DM-Einzahlung k für die Unternehmerin resultiert. Der Ansatz lautet also:

$$500 \cdot 1 + x \cdot (w_{0,1}^{(f)} - 1) = 1000 \cdot 0{,}8 + x \cdot (w_{0,1}^{(f)} - 0{,}8)$$
$$\Leftrightarrow x^{(H)} = \frac{-300}{0{,}2} = -1.500 \text{ US-\$} \in [-4.800, 4.800]. \tag{67}$$

Der Terminkauf von 1.500 US-$ in t = 0 per Termin t = 1 führt damit zu einer sicheren Einzahlung in DM für die Unternehmerin im Zeitpunkt t = 1. Dieses Ergebnis ist unabhängig von der konkreten Höhe des Devisenterminkurses $w_{0,1}^{(f)}$. Relevant ist die Höhe des Terminkurses allerdings für die Eigenschaft der Optimalität des in (67) ermittelten Terminengagements, da bei Abweichung von der Terminkurstheorie der Wechselkurserwartung spekulative Elemente zur Hedging-Lösung aus (67) hinzutreten würden. Darüber hinaus ist der genaue Wert für $w_{0,1}^{(f)}$ von Bedeutung für die konkret aus dem Hedging resultierende sichere Einzahlung des Zeitpunktes t = 1. Aus der Terminkurstheorie der Wechselkurserwartung folgt:

$$w_{0,1}^{(f)} = \frac{2}{3} \cdot 1 + \frac{1}{3} \cdot 0{,}8 = 0{,}9\overline{3} \; \frac{\text{DM}}{\text{US-\$}}. \tag{68}$$

Damit wiederum ergeben sich aus (66) sichere DM-Einzahlungen der Unternehmerin für x = -1.500 US-$ von 600 DM.

Erwähnt werden sollte noch zweierlei. Zum einen hätte man die Lösung aus (67) natürlich auch (wenngleich umständlicher) mit Hilfe eines expliziten Varianzminimierungsansatzes herleiten können. Zum anderen ist durch den beschränkten Definitionsbereich der zulässigen Ausmaße von Devisenterminverkäufen hier im übrigen sichergestellt, daß alle möglichen Realisationen unternehmerischer DM-Einzahlungen in jedem Fall, d.h. für beliebiges x ∈ [-4.800, 4.800], auf dem aufsteigenden Parabelast liegen. Dies testet man leicht, indem man für die beiden Extremwerte von x die möglichen resultierenden DM-Einzahlungen ermittelt. Für x = 4.800 US-$ ergeben sich Einzahlungen von entweder 180 oder aber 1.440 DM in t = 1, für x = -4.800 US-$ Einzahlungen von 820 oder aber 160 DM in t = 1, während gemäß der zugrunde gelegten Risiko-Nutzenfunktion DM-Einzahlungen bis zu einem Maximalwert von 10.000 zulässig sind.

2) Im Falle der Risikoneutralität ist die Unternehmerin wegen der Unmöglichkeit zur Beeinflussung ihrer erwarteten DM-Einzahlungen durch Devisenforwards indifferent zwischen allen zulässigen Werten x ∈ [-4.800, 4.800].

Aufgabe 5:
1) Die DM-Einzahlungen der Unternehmerin vor Bedienung der Gläubigerforderung belaufen sich bei Verzicht auf Terminengagements auf 500·1 = 500 DM im Zustand $s^{(1)}$ und 1.000·0,8 = 800 DM im Zustand $s^{(2)}$. Sie sind damit in jedem Fall zur Bedienung der Gläubigerforderung ausreichend. Nach Gläubigerbefriedigung verbleiben der Unternehmerin im Zustand $s^{(1)}$ demnach noch 500-400 = 100 DM, im Zustand $s^{(2)}$ entsprechend 800-400 = 400 DM. Als Erwartungswert der DM-Einzahlungen der Unternehmerin erhält man folglich ⅔·100 +

$1/3 \cdot 400 = 200$ DM, also natürlich gerade 600 DM-400 DM.

2) Trotz Gültigkeit der Terminkurstheorie der Wechselkurserwartung und Risikoneutralität der Unternehmerin liegt dann keine Indifferenz mehr zwischen verschiedenen Terminengagements vor, wenn zur Bedienung der Gläubigerforderungen lediglich die nach Termingeschäftsabrechnung noch vorhandenen liquiden Mittel zur Verfügung stehen. Konkret ist die Unternehmerin in der Lage, durch Devisenterminkäufe oder -verkäufe die verfügbaren DM-Einzahlungen vor Gläubigerbedienung in einem der beiden möglichen Umweltzustände zu verringern und gleichzeitig in einem anderen zu erhöhen. Sofern die Unternehmerin dabei durch ein entsprechendes Termingeschäft sogar ihre Zahlungsunfähigkeit in einem der beiden Zustände bewirkt, lohnt es sich für sie in jedem Fall, noch mehr Mittel aus dem betreffenden Zustand in den anderen zu verlagern. Denn das Ausmaß der Unterdeckung der Gläubigerforderung spielt für die Unternehmerin keine Rolle, weil ihr im Falle der Zahlungsunfähigkeit ohnehin keinerlei Mittel mehr verbleiben, sondern alles an die Gläubiger fließt. Anders verhält es sich in dem Zustand mit solventer Unternehmerin. Eine Erhöhung der dort eingehenden DM-Einzahlungen kommt allein der Unternehmerin zugute, da sie alle über 400 DM hinausgehenden Einzahlungen vereinnahmen kann.

Aus diesem Grunde kann sich die Unternehmerin selbst bei Gültigkeit der Terminkurstheorie der Wechselkurserwartung auf Kosten externer Kapitalgeber durch Termingeschäfte bereichern. Konkret kommt für sie hier die Wahl von $x = 4.800$ US-$ oder aber $x = -4.800$ US-$ in Frage. Im ersten Fall resultieren vor Gläubigerbedienung, aber nach Termingeschäftsabrechnung DM-Einzahlungen von 180 DM im Zustand $s^{(1)}$, so daß der (insolventen) Unternehmerin nach Zahlungen an die Gläubiger 0 DM verbleiben. Im Zustand $s^{(2)}$ hingegen sind 1.440 DM gegeben, von denen der Unternehmerin 1.040 DM zukommen. Dies führt zu erwarteten Einzahlungen der Unternehmerin von $1.040/3 = 346,\overline{6}$ DM > 200 DM. Wählt die Unternehmerin hingegen $x = -4.800$ US-$, so resultieren hieraus Einzahlungen in DM zum Zeitpunkt $t = 1$ vor Gläubigerbedienung von 820 bzw. 160 DM. Hier ist die Unternehmerin nur im Zustand $s^{(1)}$ zahlungsfähig, und es ergibt sich für sie ein Erwartungswert von ⅔·420 = 280 DM, der zwar auch über 200 DM hinausgeht, aber kleiner als für den Fall x = 4.800 US-$ ist.

In der Tat lautet der aus Sicht der Unternehmerin optimale Devisenterminverkauf x = 4.800 US-$. Auf diese Weise erhöht sie im Vergleich zur Situation mit x = 0 US-$ ihre DM-Einzahlungen um den (Maximal-) Wert von 146,6̄ DM. Diese Erhöhung erfolgt auf Kosten der Gläubiger. Denn der Erwartungswert aller nach Termingeschäftsabrechnung noch vorhandenen DM-Einzahlungen ist aufgrund der Gültigkeit der Terminkurstheorie der Wechselkurserwartung unabhängig von x stets gleich 600 DM. Die erwarteten DM-Einzahlungen der Gläubiger aber betragen daher für x = 4.800 US-$ nur noch 600-346,6̄ = ⅔·180+⅓·400 = 253,3̄ DM.

In solchen Fällen, in denen die unternehmerische Haftung auf die im Rahmen der unternehmerischen Tätigkeit erwirtschafteten Erlöse beschränkt ist und Fremdfinanzierung vorliegt, kann es daher selbst bei Risikoneutralität einen Anreiz für Unternehmer geben, Devisentermingeschäfte in extrem spekulativer Weise zu Lasten ihrer Gläubiger zu nutzen. Man spricht hier auch von einem "Risikoanreizproblem". Sofern die Gläubiger vor der Mittelüberlassung an einen Unternehmer dieses Problem antizipieren, werden sie unter Umständen zur Mittelüberlassung gar nicht bereit sein. Insofern ist es auch im Interesse des jeweiligen Unternehmers, solche Risikoanreizprobleme zu vermeiden. Es ist eine interessante Frage, welche Rolle Devisentermingeschäften konkret bei der Verursachung und der Lösung derartiger "Anreizprobleme" zukommt.[15] Genau mit diesem Problem setzen sich unter anderem auch die bereits auf S. 132 f. in Fußnote 83 des Lehrbuchs angesprochenen Beiträge auseinander. Wie dort erwähnt wurde, ist es bislang aber noch nicht gelungen, auf dieser Grundlage zur Herleitung quantitativ klarer Handlungsempfehlungen für den Einsatz von Kurssicherungsinstrumenten zu gelangen.

---

[15] Vgl. etwa *Breuer* (1997, 2000).

III. Analyse konkreter Absicherungsprobleme

1 Hedging mit Forwards und Futures

Übungsaufgaben

Aufgabe 1:
Wie lautet in Analogie zur Gleichung (99) von S. 198 des Lehrbuchs, $\text{Var}(\tilde{z}_1^{(K)*})$ = $\text{Var}(\tilde{z}_1) \cdot [1 - \rho^2(\tilde{z}_1, \tilde{z}_{Fo1})]$, die Formel für die Restvarianz im Falle des Cross Hedgings mit Devisenfutures! Versuchen Sie, diese Formel unter der Voraussetzung der Sicherheit des Eingangs einer Fremdwährungszahlung e_1 im Zeitpunkt $t = 1$ weiter zu vereinfachen!

Aufgabe 2:
Im Rahmen einer Zwei-Zeitpunkte-Betrachtung werden von einem deutschen Unternehmer aus der Sicht von $t = 0$ in $t = 1$ drei verschiedene gleich wahrscheinliche Umweltzustände $s^{(n)}$ ($n = 1, 2, 3$) für möglich gehalten. Aus der folgenden *Tabelle 7* können Sie den je nach Umweltzustand vorliegenden Kassakurs $\tilde{w}_1$ des Zeitpunktes $t = 1$ sowie die unternehmerischen Fremdwährungseinzahlungen $\tilde{e}_1$ (in US-\$) ablesen:

	$s^{(1)}$	$s^{(2)}$	$s^{(3)}$
$\tilde{w}_1$	0,5	1	1,5
$\tilde{e}_1$	800	1.100	800

Tabelle 7: Realisationen von $\tilde{w}_1$ und $\tilde{e}_1$ in Abhängigkeit vom eintretenden Umweltzustand $s^{(n)}$ ($n = 1, 2, 3$)

1) Ermitteln Sie die Kovarianz zwischen $\tilde{w}_1$ und $\tilde{e}_1$! Wie groß ist $E(\tilde{e}_1)$?
2) In welchem Ausmaß sollten Devisen in $t = 0$ per Termin $t = 1$ verkauft werden, wenn das Ziel in der Minimierung der Varianz der Einzahlungsüberschüsse in Inlandswährung in $t = 1$ besteht? Wieso erhält man nicht $x^{(H)} = E(\tilde{e}_1)$?
3) Ermitteln Sie die nach dem Hedging verbleibende Reststandardabweichung der gesamten unternehmerischen DM-Einzahlungen in $t = 1$! Um wieviel konnte die Standardabweichung der DM-Einzahlungen in $t = 1$ reduziert werden?

Aufgabe 3:
Im Rahmen einer Zwei-Zeitpunkte-Betrachtung werden aus der Sicht von $t = 0$ in $t = 1$ drei verschiedene gleich wahrscheinliche Umweltzustände $s^{(n)}$ ($n = 1$, 2, 3) für möglich gehalten. Aus der folgenden *Tabelle 8* können die möglichen Realisationen für den künftigen DM/US-$-Kassakurs $\tilde{w}_1$ und den künftigen DM/US-$-Futureskurs $\tilde{w}_{1,2}^{(f)}$ abgelesen werden:

	$s^{(1)}$	$s^{(2)}$	$s^{(3)}$
$\tilde{w}_1$	0,5	0,7	1
$\tilde{w}_{1,2}^{(f)}$	0,5	0,9	1,5

Tabelle 8: Realisationen von $\tilde{w}_1$ und $\tilde{w}_{1,2}^{(f)}$ in Abhängigkeit vom eintretenden Umweltzustand $s^{(n)}$ ($n = 1, 2, 3$)

1) Ermitteln Sie den Korrelationskoeffizienten zwischen $\tilde{w}_1$ und $\tilde{w}_{1,2}^{(f)}$!
2) Ermitteln Sie die Wahrscheinlichkeitsverteilung der Basis $\tilde{\eta}_{1,2}$! Wieso ist die Basis trotz des Ergebnisses aus 1) unsicher?
3) Angenommen, jemand will eine künftige Einzahlung von $e_1 = 1.000$ US-$ bereits in $t = 0$ mit Hilfe von Devisenfutures mit Fälligkeit in $t = 2$ absichern, die in $t = 1$ glattgestellt werden. Wie sind unter dieser Voraussetzung im

Zeitpunkt t = 0 Devisen per Termin t = 2 zu verkaufen, wenn die Varianz der insgesamt bis zum Zeitpunkt t = 1 resultierenden (zinslos kumulierten) DM-Einzahlungen minimiert werden soll?

Aufgabe 4: (15 min)

Betrachtet werde eine Unternehmerin in einem Zeitpunkt t = 0, die in einem ungewissen Zeitpunkt $\tilde{\nu}$ ($0 < \tilde{\nu} \leq 2$) eine sichere Fremdwährungseinzahlung e erhält. Der Fremdwährungsbetrag e wird von der Unternehmerin für den Zeitraum 2-$\tilde{\nu}$ zum Zinssatz $r_A \cdot (2-\tilde{\nu})$ angelegt. Im Zeitpunkt t = 0 kann die Unternehmerin ein Devisenforwardgeschäft mit Fälligkeit in t = 2 zu einem Forwardkurs $w_{0,2}^{(f)}$ durchführen. Der im Zeitpunkt t = 2 herrschende Kassakurs sei $\tilde{w}_2$. Ziel der Unternehmerin im Zeitpunkt t = 0 sei die Minimierung der Varianz ihrer (kumulierten) Inlandseinzahlungen bis zum Zeitpunkt t = 2.

1) Wie lautet der optimale Devisenterminverkauf der Unternehmerin in allgemeiner Form?
2) Wie vereinfacht sich die Lösung unter der Annahme, daß $\tilde{\nu}$ und $\tilde{w}_2$ stochastisch unabhängig sind? Geben Sie für diesen letzteren Fall die optimale Lösung unter den Annahmen $E(\tilde{\nu}) = 1$, $r_A = 10\ \%$ und e = 1.000 US-$ an!

Lösungen

Aufgabe 1:

Mit $z_1^{(K)*} = z_1 + x^{(H)} \cdot z_{Fu1}$ und $x^{(H)} = \text{Cov}(z_1, z_{Fu1})/\text{Var}(z_{Fu1})$ erhält man zunächst in völliger Analogie zur Herleitung im Rahmen der Formel (99) von S. 198 des Lehrbuchs den folgenden Zusammenhang:

$$\text{Var}(\tilde{z}_1^{(K)*}) = \text{Var}(\tilde{z}_1) \cdot [1 - \rho^2(\tilde{z}_1, \tilde{z}_{Fu1})]. \tag{69}$$

Wegen $z_{Fu1} = w_{0,2}^{(f)} - \tilde{w}_{1,2}^{(f)}$ und $z_1 = e_1 \cdot \tilde{w}_1$ gilt:

$$\rho^2(\tilde{z}_1, \tilde{z}_{Fu1}) = \frac{\text{Cov}^2(e_1 \cdot \tilde{w}_1, w_{0,2}^{(f)} - \tilde{w}_{1,2}^{(f)})}{\text{Var}(e_1 \cdot \tilde{w}_1) \cdot \text{Var}(w_{0,2}^{(f)} - \tilde{w}_{1,2}^{(f)})}$$

$$= \frac{e_1^2 \cdot \text{Cov}^2(\tilde{w}_1, \tilde{w}_{1,2}^{(f)})}{e_1^2 \cdot \text{Var}(\tilde{w}_1) \cdot \text{Var}(\tilde{w}_{1,2}^{(f)})} \tag{70}$$

$$= \rho^2(\tilde{w}_1, \tilde{w}_{1,2}^{(f)}),$$

so daß man zu

$$\text{Var}(\tilde{z}_1^{(K)*}) = \text{Var}(\tilde{z}_1) \cdot [1 - \rho^2(\tilde{w}_1, \tilde{w}_{1,2}^{(f)})] \tag{71}$$

gelangt. Entscheidend für die Bestimmung der durch Hedging mittels Devisenfutures unpassender Fälligkeit erreichbaren prozentualen Varianzreduktion ist damit das (betragsmäßige) Ausmaß der Korrelation zwischen Kassakurs und (einperiodigem) Terminkurs des Zeitpunktes $t = 1$.

Aufgabe 2:

1) Es gilt:

$$E(\tilde{w}_1) = \frac{1}{3} \cdot (0{,}5 + 1 + 1{,}5) = 1 \; \frac{\text{DM}}{\text{US-\$}}, \qquad (72)$$

$$E(\tilde{e}_1) = \frac{1}{3} \cdot (800 + 1.100 + 800) = 900 \; \text{US-\$}.$$

Damit erhält man

$$\begin{aligned}\text{Cov}(\tilde{w}_1, \tilde{e}_1) &= E(\tilde{w}_1 \cdot \tilde{e}_1) - E(\tilde{w}_1) \cdot E(\tilde{e}_1) \\ &= \frac{1}{3} \cdot (400 + 1.100 + 1.200) - 900 \\ &= 0 \; \text{DM}.\end{aligned} \qquad (73)$$

2) Aus Formel (96) auf S. 195 des Lehrbuchs ist die Bestimmungsgleichung für den varianzminimierenden Einsatz von Devisenforwards bekannt:

$$x^{(H)} = \frac{\text{Cov}(\tilde{z}_1, \tilde{w}_1)}{\text{Var}(\tilde{w}_1)}. \qquad (74)$$

Hier gilt konkret:

$$\text{Var}(\tilde{w}_1) = E(\tilde{w}_1^2) - E^2(\tilde{w}_1)$$

$$= \frac{1}{3} \cdot (0{,}25 + 1 + 2{,}25) - 1$$

$$= 0{,}1\overline{6}\ \frac{\text{DM}^2}{\text{US-\$}^2},$$

$$E(\tilde{z}_1) = E(\tilde{w}_1 \tilde{e}_1) = \frac{1}{3} \cdot (400 + 1.100 + 1.200) = 900\ \text{DM}, \tag{75}$$

$$\text{Cov}(\tilde{z}_1, \tilde{w}_1) = E(\tilde{z}_1 \cdot \tilde{w}_1) - E(\tilde{z}_1) \cdot E(\tilde{w}_1)$$

$$= \frac{1}{3} \cdot (200 + 1.100 + 1.800) - 900$$

$$= 133{,}\overline{3}\ \frac{\text{DM}^2}{\text{US-\$}}.$$

Schließlich resultiert damit

$$x^{(H)} = \frac{133{,}\overline{3}}{0{,}1\overline{6}} = 800\ \text{US-\$}. \tag{76}$$

Obwohl die Fremdwährungserlöse nicht mit dem künftigen Kassawechselkurs korreliert sind, ergibt sich als varianzminimierender Devisenterminverkauf nicht ein Volumen von 900 US-$. Denn dazu ist erforderlich, daß die Fremdwährungserlöse auch mit dem Quadrat $\tilde{w}_1^2$ des künftigen Kassakurses nicht korreliert sind. Hier gilt aber $\text{Cov}(\tilde{e}_1, \tilde{w}_1^2) = -16{,}\overline{6}$ DM²/US-$. Die Annahme der Unkorreliertheit von künftigen Fremdwährungserlösen und Kassakursen ist demnach nicht hinreichend für die Herleitung von $x^{(H)} = E(\tilde{e}_1)$, wohl aber die der Unabhängigkeit.

3) Bei dieser Teilaufgabe darf man sich nicht davon irritieren lassen, daß der Terminkurs des Zeitpunktes t = 0 für Fälligkeit in t = 1 im Rahmen der Aufgabenstellung nicht spezifiziert worden ist, so daß die Wahrscheinlichkeitsverteilung der kursgesicherten Einzahlungen $z_1^{(K)*}$ gar nicht konkret ermittelt werden kann. Denn die Höhe dieses Terminkurses ist für die resultierende Restvarianz ohne Bedeutung. Aus dem gleichen Grunde konnte auch im Aufgabenteil 2) der optimale Devisenterminverkauf ohne genauere Kenntnis des zugrundeliegenden Devisenterminkurses ermittelt werden. In der Tat ist $w_{0,1}^{(f)}$ nur relevant für die Bestimmung des Erwartungswertes der beim Entscheidungssubjekt letztlich verbleibenden DM-Einzahlungen. Dieser spielt aber unter der Zielvorgabe der Varianzminimierung keine Rolle. Konkret kann hier auf die schon in Aufgabe 1 genannte Formel für die Restvarianz zurückgegriffen werden unter Beachtung von $z_{Fo1} = w_{0,1}^{(f)} - \tilde{w}_1$:

$$\begin{aligned}
&\text{Var}(\tilde{z}_1^{(K)*}) \\
&= \text{Var}(\tilde{z}_1) \cdot [1 - \rho^2(\tilde{z}_1, \tilde{z}_{Fo1})] \\
&= \text{Var}(\tilde{z}_1) \cdot \left[1 - \frac{\text{Cov}^2(\tilde{z}_1, \tilde{z}_{Fo1})}{\text{Var}(\tilde{z}_1) \cdot \text{Var}(\tilde{z}_{Fo1})}\right] \\
&= \text{Var}(\tilde{z}_1) \cdot \left[1 - \frac{\text{Cov}^2(\tilde{z}_1, \tilde{w}_1)}{\text{Var}(\tilde{z}_1) \cdot \text{Var}(\tilde{w}_1)}\right].
\end{aligned} \qquad (77)$$

Da $\text{Cov}(\tilde{z}_1, \tilde{w}_1)$ ebenso wie $\text{Var}(\tilde{w}_1)$ bereits weiter oben berechnet wurden, ist nur noch die Ermittlung der Varianz von z_1 erforderlich. Es gilt:

$$\text{Var}(\tilde{z}_1)$$

$$= E(\tilde{z}_1^2) - E^2(\tilde{z}_1)$$

$$= \frac{1}{3} \cdot (160.000 + 1.210.000 + 1.440.000) - 810.000 \tag{78}$$

$$= 126.666,\overline{6} \text{ DM}^2$$

$$\Rightarrow \sqrt{\text{Var}(\tilde{z}_1)} \approx 355,90 \text{ DM}.$$

Aus (77) folgt damit:

$$\text{Var}(\tilde{z}_1^{(K)*})$$

$$= 126.666,\overline{6} \cdot \left[1 - \frac{133,\overline{3}^2}{126.666,\overline{6} \cdot 0,1\overline{6}} \right] \tag{79}$$

$$= 20.000 \text{ DM}^2$$

$$\Rightarrow \sqrt{\text{Var}(\tilde{z}_1^{(K)})} \approx 141,42 \text{ DM}.$$

Insgesamt ergibt sich damit durch das Hedging eine Reduktion der Standardabweichung der beim Entscheidungssubjekt verbleibenden kumulierten DM-Einzahlungen von ungefähr 214,48 DM und damit etwa 60,26 %.

Aufgabe 3:
Zur Bestimmung der Korrelation zwischen künftigem Termin- und Kassakurs sind deren Kovarianz und die beiden Varianzen zu berechnen. Dies wiederum erfordert in einem ersten Schritt die Ermittlung der Erwartungswerte der beiden Wechselkurse. Man erhält:

$$E(\tilde{w}_1) = \frac{1}{3} \cdot (0,5+0,7+1) = 0,7\overline{3} \ \frac{DM}{US-\$},$$

$$E(\tilde{w}_{1,2}^{(f)}) = \frac{1}{3} \cdot (0,5+0,9+1,5) = 0,9\overline{6} \ \frac{DM}{US-\$}. \tag{80}$$

Auf dieser Grundlage ergibt sich

$$Cov(\tilde{w}_1, \tilde{w}_{1,2}^{(f)}) = \frac{1}{3} \cdot (0,25+0,63+1,5) - 0,7\overline{3} \cdot 0,9\overline{6} = 0,08\overline{4} \ \frac{DM^2}{US-\$^2},$$

$$Var(\tilde{w}_1) = \frac{1}{3} \cdot (0,25+0,49+1) - 0,7\overline{3}^2 = 0,04\overline{2} \ \frac{DM^2}{US-\$^2}, \tag{81}$$

$$Var(\tilde{w}_{1,2}^{(f)}) = \frac{1}{3} \cdot (0,25+0,81+2,25) - 0,9\overline{6}^2 = 0,16\overline{8} \ \frac{DM^2}{US-\$^2}$$

und schließlich

$$\rho(\tilde{w}_1, \tilde{w}_{1,2}^{(f)}) = \frac{Cov(\tilde{w}_1, \tilde{w}_{1,2}^{(f)})}{\sqrt{Var(\tilde{w}_1) \cdot Var(\tilde{w}_{1,2}^{(f)})}} = \frac{0,08\overline{4}}{\sqrt{0,04\overline{2} \cdot 0,16\overline{8}}} = 1. \tag{82}$$

2) Die Basis $\tilde{\eta}_{1,2}$ ist laut Lehrbuch, S. 206, definiert als Differenz zwischen Terminkurs $\tilde{w}_{1,2}^{(f)}$ und Kassakurs $\tilde{w}_1$. Demnach ergeben sich die folgenden möglichen Realisationen der Basis $\tilde{\eta}_{1,2}$ im Rahmen der hier betrachteten Aufgabe:

	$s^{(1)}$	$s^{(2)}$	$s^{(3)}$
$\tilde{\eta}_{1,2}$	0	0,2	0,5

Tabelle 9: Mögliche Realisationen der Basis $\tilde{\eta}_{1,2}$

Trotz einer perfekten Korrelation zwischen künftigem Termin- und Kassakurs erweist sich demnach die zugehörige Basis als ungewiß. Die Ursache hierfür liegt in der größeren Volatilität des Terminkurses gegenüber dem Kassakurs. Damit kann zwar von der Realisation des Kassakurses $\tilde{w}_1$ stets mit Sicherheit auf die zugehörige Realisation des Terminkurses $\tilde{w}_{1,2}^{(f)}$ geschlossen werden. Aber eine Ceteris-paribus-Variation des Kassakurses um etwa 0,2 DM/US-$ führt zu einer deutlich höheren Änderung des Terminkurses, weswegen die Differenz der beiden Wechselkurse nicht zustandsunabhängig konstant ist. In der Tat gilt im Rahmen der hier betrachteten Aufgabenstellung $\tilde{w}_{1,2}^{(f)} = -0,5 + 2 \cdot \tilde{w}_1$, wie man leicht durch Einsetzen der drei möglichen Realisationspaare prüft. Daraus folgt sofort, daß $\tilde{\eta}_{1,2} = -0,5 + \tilde{w}_1$ gilt.

3) Der optimale Devisenterminverkauf im Rahmen eines zum Zeitpunkt $t = 0$ mit Fälligkeit in $t = 2$ abzuschließenden Futuresgeschäfts bestimmt sich gemäß der Formel (112) auf S. 209 des Lehrbuchs und unter Zugrundelegung der weiter oben ermittelten Parameterwerte für diese Aufgabenstellung wie folgt:

$$
\begin{aligned}
x^{(H)} &= e_1 \cdot \frac{\mathrm{Cov}(\tilde{w}_1, \tilde{w}_{1,2}^{(f)})}{\mathrm{Var}(\tilde{w}_{1,2}^{(f)})} \\
&= 1.000 \cdot \frac{0,08\overline{4}}{0,16\overline{8}} \\
&= 500 \text{ US-\$}.
\end{aligned}
\tag{83}
$$

Auch dieses Ergebnis überrascht nicht. Aus Aufgabenteil 2) ist bekannt, daß Änderungen des Kassakurses $\tilde{w}_1$ mit ceteris paribus doppelt so großen Änderungen des Terminkurses $\tilde{w}_{1,2}^{(f)}$ einhergehen. Es genügt deswegen bereits ein Terminengagement im Umfang von $e_1/2 = 500$ US-$, um insgesamt eine Position zu erreichen, bei der sich die Einkommenskonsequenzen aus Kassakursvariationen und Terminkursvariationen bestmöglich (hier wegen perfekter Korrelation sogar vollständig) kompensieren. Unter Berücksichtigung des Hedgings und der Bestimmungsgleichung für $\tilde{w}_{1,2}^{(f)}$ realisiert das Entscheidungssubjekt hier konkret zustandsunabhängig kumulierte DM-Einzahlungen von $\tilde{z}_1^{(K)*} = 500 \cdot w_{0,2}^{(f)} + 250$.

Aufgabe 4:

1) Die gesamten DM-Einzahlungen der betrachteten Unternehmerin bis zum Zeitpunkt t = 2 bestimmen sich als

$$\tilde{z}_2 = e \cdot [1 + r_A \cdot (2 - \tilde{v})] \cdot \tilde{w}_2. \tag{84}$$

De facto liegt hier eine reine Zwei-Zeitpunkte-Betrachtung mit den relevanten Zeitpunkten t = 0 und t = 2 vor, da lediglich in t = 0 Kurssicherungsmaßnahmen ergriffen werden, ohne die Möglichkeit in Betracht zu ziehen, diese zu einem späteren Zeitpunkt nochmals anzupassen. Der varianzminimierende Devisenterminverkauf des Zeitpunktes t = 0 berechnet sich damit in Analogie zur Formel (96) auf S. 195 des Lehrbuchs als[16]

$$\begin{aligned} x^{(H)} &= \frac{\text{Cov}(\tilde{z}_2, \tilde{w}_2)}{\text{Var}(\tilde{w}_2)} \\ &= \frac{\text{Cov}\{e \cdot [1 + r_A \cdot (2 - \tilde{v})] \cdot \tilde{w}_2, \tilde{w}_2\}}{\text{Var}(\tilde{w}_2)} \\ &= e \cdot \frac{\text{Cov}[(1 + 2 \cdot r_A) \cdot \tilde{w}_2, \tilde{w}_2] - \text{Cov}(r_A \cdot \tilde{v} \cdot \tilde{w}_2, \tilde{w}_2)}{\text{Var}(\tilde{w}_2)} \\ &= e \cdot \left[1 + 2 \cdot r_A - r_A \cdot \frac{\text{Cov}(\tilde{v} \cdot \tilde{w}_2, \tilde{w}_2)}{\text{Var}(\tilde{w}_2)}\right]. \end{aligned} \tag{85}$$

2) Bei stochastischer Unabhängigkeit zwischen $\tilde{v}$ und $\tilde{w}_2$ läßt sich ganz analog zu der Herleitung im Rahmen der Formel (103) auf S. 203 des Lehrbuchs zeigen, daß $\text{Cov}(\tilde{v} \cdot \tilde{w}_2, \tilde{w}_2) = E(\tilde{v}) \cdot \text{Var}(\tilde{w}_2)$ gilt. Damit vereinfacht sich (85) zu

---

[16] Vgl. hierzu auch die Formel (145) auf S. 245 des Lehrbuchs.

$$x^{(H)} = e \cdot \{1 + [2 - E(\tilde{v})] \cdot r_A\}, \tag{86}$$

was schlicht den insgesamt erwarteten Fremdwährungseinzahlungen des Zeitpunktes t = 2 bei Verzicht auf Kurssicherungsmaßnahmen entspricht. Einsetzen von $E(\tilde{v}) = 1$ sowie e = 1.000 US-\$ und $r_A = 10\ \%$ liefert damit sofort $x^{(H)}$ = 1.100 US-\$ als varianzminimierenden Devisenterminverkauf des Zeitpunktes t = 0.

Natürlich handelte es sich hierbei um eine sehr einfache Aufgabe. Die relevanten Vereinfachungen bezogen sich zum einen darauf, daß die Anpassung des in t = 0 begründeten Devisenterminengagements zu einem späteren Zeitpunkt, insbesondere dem des effektiven Anfalls der Fremdwährungseinzahlung e, nicht berücksichtigt wurde. Auf diesen Umstand wird nochmals in Aufgabe 5 des Abschnitts 3 dieses Kapitels zurückzukommen sein. Ferner wurde eine sehr einfache Formel für die Ermittlung der gewährten Verzinsung bei verschiedenen Laufzeiten zugrunde gelegt. Diese hat generell nur näherungsweise Gültigkeit, da ansonsten bei Gleichheit von Soll- und Habenzinssätzen Arbitragemöglichkeiten bestünden. Dabei würden Verschuldungen und Anlagen mit verschiedenen Fristigkeiten derart kombiniert, daß sich ein sicherer Gewinn beim "Arbitrageur" einstellt. Solche Arbitragemöglichkeiten bestehen nicht, wenn sich die Verzinsung von Fremdwährungsanlagen/-mittelaufnahmen über einen Zeitraum $2-v$ generell als $(1+r_A)^{2-v}-1$ bestimmt. Man prüft leicht durch Einsetzen verschiedener (plausibler[17]) Werte, daß $(1+r_A)^{2-v}-1 \approx r_A \cdot (2-v)$ gilt. Natürlich kann auch mit dieser genaueren Zinsformel gearbeitet werden. Dann allerdings gelangt man insbesondere nicht zu der einfachen Struktur für $x^{(H)}$ aus (86).

---

[17] Gemeint ist vor allen Dingen, daß Werte für r_A nahe Null vorausgesetzt werden können, also etwa $r_A = 10\ \%$. Ferner ist es für die Güte der Näherung von Vorteil, wenn der Anlage-/Verschuldungszeitraum $2-v$ nicht zu sehr von Eins abweicht.

2 Hedging mit Devisenoptionen

Übungsaufgaben

Aufgabe 1:
Eine deutsche Unternehmerin erwägt in t = 0 den Einsatz von Devisenkaufoptionen zu Hedging-Zwecken. Der Ausübungskurs der Option sei $w^{(a)} = 1$ DM/US-\$. Der Preis einer normierten Kaufoption über 1 US-\$ belaufe sich auf $0,\overline{15}$ DM/US-\$, und der Kalkulationszinsfuß betrage r = 10 %. Die künftigen Einzahlungen $\tilde{e}_1$ der Unternehmerin in Fremdwährung zum Zeitpunkt t = 1 sowie die möglichen Kassakurse $\tilde{w}_1$ sollen denen von *Tabelle 7* auf S. 200 des Lehrbuchs (siehe nachfolgende *Tabelle 10*) entsprechen:

	$s^{(1)}$	$s^{(2)}$	$s^{(3)}$
$\tilde{w}_1$	0,5	1	1,5
$\tilde{e}_1$	1.000	2.000	3.000

Tabelle 10: Realisationen von $\tilde{w}_1$ und $\tilde{e}_1$ in Abhängigkeit vom eintretenden Umweltzustand $s^{(n)}$ (n = 1, 2, 3)

1) Stellen Sie die Formel für die aufgezinsten Gesamteinzahlungen aus einer normierten Kaufoption bis zum Zeitpunkt t = 1 auf!
2) Wie lautet bei alleiniger Betrachtung der Kaufoptionen als Hedging-Instrument ihr varianzminimaler Einsatz?
3) Zusätzlich zu den Kaufoptionen könne die Unternehmerin nun auch Devisenforwardgeschäfte zu $w_{0,1}^{(f)} = 1$ DM/US-\$ abschließen. Beschreiben Sie die varianzminimierende Kurssicherungsstrategie bei simultanem Einsatz von Devisenforwards und Devisenkaufoptionen!

Aufgabe 2:

Eine deutsche Unternehmerin beabsichtigt, im Zeitpunkt t = 1 Güter auf einem ausländischen Markt zu verkaufen. Den Preis in DM für ihr Gut hat sie auf 2 DM/ME fixiert. Die Produktion der Güter erfolgt in Deutschland zu zahlungsgleichen Stückkosten in konstanter Höhe von 1 DM/ME. Ungewiß ist allerdings der im Zeitpunkt t = 1 herrschende Wechselkurs $\tilde{w}_1$ zwischen DM und der Währung FWE des Absatzlandes. Konkret hält die Unternehmerin drei mögliche Umweltzustände $s^{(1)}$, $s^{(2)}$ und $s^{(3)}$ für gleich wahrscheinlich (vgl. *Tabelle 11*). Je nach dem eintretenden Wechselkurs zwischen DM und FWE berechnet sich ein unterschiedlicher FWE-Preis für das exportierte Produkt.

Auf der Grundlage von Marktuntersuchungen ist die Unternehmerin zum Ergebnis gekommen, daß die Nachfrage in dem Absatzland bei Preisänderungen sehr elastisch reagiert. Das bedeutet, daß ein sinkender FWE-Angebotspreis ceteris paribus zu höheren Gesamt-Erlösen e_1 in FWE für die Unternehmerin führt. Die von der Unternehmerin geschätzten Absatzzahlen $\tilde{r}_1$ je nach dem eintretenden Umweltzustand sind in der dritten Zeile von *Tabelle 11* angegeben.

	$s^{(1)}$	$s^{(2)}$	$s^{(3)}$
$\tilde{w}_1$	0,5	0,75	1
$\tilde{r}_1$	500	1.500	3.000

Tabelle 11: Realisationen von $\tilde{w}_1$ und $\tilde{r}_1$ je nach eintretendem Umweltzustand $s^{(n)}$ (n = 1, 2, 3)

Die Unternehmerin erwägt, sich durch den Abschluß von Termingeschäften im Zeitpunkt t = 0 gegen das Wechselkursrisiko abzusichern. Zu diesem Zweck kommt der Einsatz von standardisierten Devisenverkaufsoptionen über je 1 FWE mit einem Ausübungskurs $w^{(a)}$ = 0,7 DM/FWE und einem Preis p_P = 0,06 DM in Frage. Zusätzlich zieht die Unternehmerin auch den Terminverkauf von Devisen über ein Forwardgeschäft mit Fälligkeit in t = 1 und einem Forwardkurs $w_{0,1}^{(f)}$ = 0,7 DM/FWE in Betracht. Die Unternehmerin orientiere sich bei ihrer Entscheidung an einer Präferenzfunktion der Form $\mu - 0,5 \cdot \alpha \cdot \sigma^2$, wobei μ den Erwartungswert und σ^2 die Varianz all ihrer DM-Einzahlungsüberschüsse bis zum Zeitpunkt t = 1 beschreibt und $\alpha > 0$ gilt. Der Kalkulationszinsfuß r belaufe sich auf 10 %.

1) Wie hoch sind die (ungesicherten) DM-Einzahlungsüberschüsse der Unternehmerin in t = 1 je nach eintretendem Umweltzustand?
2) Ermitteln Sie die (bis t = 1 verzinslich kumulierte) Zahlungsstruktur einer normierten Devisenverkaufsoption über 1 FWE und die eines normierten Devisenforwardgeschäfts über den Terminverkauf von 1 FWE!
3) Ermitteln Sie die Strukturen des Spekulations- und des Hedging-Portefeuilles!
4) Angenommen, es ist (nur) bekannt, daß $\alpha > 0,2$/DM gilt. Wieso läßt sich dann plausibel begründen, daß sich die Unternehmerin ohne größere Präferenzverluste auf eine reine Hedging-Strategie beschränken kann?

Aufgabe 3:

Betrachtet werde zum Zeitpunkt t = 0 eine deutsche Unternehmerin, die in t = 1 ihr Produkt auf dem US-amerikanischen Markt zu verkaufen beabsichtigt. Die zahlungsgleichen und konstanten variablen Stückkosten k_1 der Produktion belaufen sich in t = 1 auf 40 DM/ME. Die in t = 1 anfallenden zahlungsgleichen Fixkosten seien $K_1^{(F)}$ = 900 DM. Die maximale Produktionsmenge in t = 1 beträgt 300 ME. Der Preis $p_1^{(US)}$ in US-$ des Zeitpunktes t = 1 ist für die deutsche Unternehmerin exogen gegeben. Er könne 50, 60 oder 70 US-$/ME mit jeweils gleicher Wahrscheinlichkeit betragen. Hiervon unabhängig gebe es auch drei mögliche Realisationen für den künftigen Kassakurs $\bar{w}_1$. Dieser könne sich in t = 1 mit jeweils gleicher Wahrscheinlichkeit auf 1, 1,2 oder 1,4 DM/US-$ belaufen. Die Unternehmerin könne in t = 0 ein Devisenforwardgeschäft mit Fälligkeit in t = 1 durchführen. Ferner bestehe noch die Möglichkeit zum Erwerb von Devisenverkaufsoptionen über je 1 US-$ mit Ausübungskurs $w^{(a)}$ =

1,1 DM/US-$ zu einem Preis von $p_P = 0,0\overline{3}$ DM/US-$. Es gelte die Terminkurstheorie der Wechselkurserwartung, der Kalkulationszinsfuß sei 0 %, und die Unternehmerin handele nach dem μ-σ-Prinzip.

1) Ermitteln Sie die Wahrscheinlichkeitsverteilung der unternehmerischen Einzahlungsüberschüsse des Zeitpunktes t = 1, wenn keinerlei Termingeschäft durchgeführt wird!

2) In welchem Umfang sollte die Unternehmerin in t = 0 die verfügbaren Termingeschäfte in Anspruch nehmen, und welche Wahrscheinlichkeitsverteilung der DM-Einzahlungsüberschüsse des Zeitpunktes t = 1 ergibt sich unter Beachtung ihrer Termingeschäftsaktivitäten?

Lösungen

Aufgabe 1:

1) Die Kaufoption wird im Zeitpunkt t = 1 nur ausgeübt, wenn der Kassakurs $\tilde{w}_1$ über dem Ausübungskurs $w^{(a)}$ liegt, hier also allein im Zustand $s^{(3)}$. Unter Beachtung der auf t = 1 aufgezinsten Optionsprämie ergeben sich aus einer Devisenkaufoption über 1 US-$ mit $w^{(a)}$ = 1 DM/US-$ die folgenden zustandsabhängigen Einzahlungen:

	$s^{(1)}$	$s^{(2)}$	$s^{(3)}$
$\tilde{z}_{C1}$	$-0,1\overline{6}$	$-0,1\overline{6}$	$0,\overline{3}$

Tabelle 12: Realisationen von $\tilde{z}_{C1}$ je nach eintretendem Umweltzustand $s^{(n)}$ (n = 1, 2, 3)

2) Auf der Grundlage von *Tabelle 12* können die zur Ermittlung des varianzminimierenden Optionseinsatzes benötigten Größen berechnet werden:

$$E(\tilde{z}_{C1}) = \frac{1}{3} \cdot (-0,1\overline{6} - 0,1\overline{6} + 0,\overline{3}) = 0 \ \frac{DM}{US-\$},$$

$$Var(\tilde{z}_{C1}) = \frac{1}{3} \cdot [(-0,1\overline{6})^2 + (-0,1\overline{6})^2 + 0,\overline{3}^2] = 0,0\overline{5} \ \frac{DM^2}{US-\$^2}, \qquad (87)$$

$$Cov(\tilde{z}_1, \tilde{z}_{C1}) = \frac{1}{3} \cdot [500 \cdot (-0,1\overline{6}) + 2.000 \cdot (-0,1\overline{6}) + 4.500 \cdot 0,\overline{3}] = 361,\overline{1} \ \frac{DM^2}{US-\$},$$

wobei natürlich $\tilde{z}_1 = \tilde{e}_1 \cdot \tilde{w}_1$ zu beachten ist.

Damit gelangt man zu

$$x^{(H)} = -\frac{\text{Cov}(\tilde{z}_1, \tilde{z}_{C1})}{\text{Var}(\tilde{z}_{C1})} = -\frac{361,\overline{1}}{0,0\overline{5}} = -5.600 \text{ US-\$}. \tag{88}$$

Die Gültigkeit von (88) kann ganz analog zu der entsprechenden Formel (121) auf S. 222 des Lehrbuchs beim Einsatz von Devisenverkaufsoptionen nachgewiesen werden. Gemäß (88) sollte die Unternehmerin zum Zwecke der Varianzminimierung demnach Devisenkaufoptionen für 5.600 US-$ (leer-) verkaufen, also die Stillhalterposition einnehmen.

Die resultierende Wahrscheinlichkeitsverteilung der unternehmerischen DM-Einzahlungen $z_1^{(K)*}$ verfügt übrigens noch über eine Standardabweichung von ungefähr 648,07 DM und lautet konkret:

	$s^{(1)}$	$s^{(2)}$	$s^{(3)}$
$z_1^{(K)*}$	1433,$\overline{3}$	2933,$\overline{3}$	2633,$\overline{3}$

Tabelle 13: Realisationen von $z_1^{(K)*}$ je nach eintretendem Umweltzustand $s^{(n)}$ (n = 1, 2, 3)

Im Rahmen dieses konkreten Entscheidungsproblems ergibt sich aus dem Vergleich dieser Daten mit denen von S. 224 f. des Lehrbuchs, daß sich hier der Einsatz von Devisenkaufoptionen der Nutzung von Devisenverkaufsoptionen als überlegen erweist.

3) Auch wenn Devisenkaufoptionen eine höhere Reduktion der Varianz der kumulierten DM-Einzahlungen ermöglichen als Devisenverkaufsoptionen, sind die Konsequenzen aus dem simultanen Einsatz von Kaufoptionen und Forwards vollkommen identisch zu denen aus dem Einsatz von Verkaufsoptionen (mit gleichem Ausübungskurs wie die Kaufoptionen) und Forwards, da in beiden Fällen

die jeweils nicht explizit betrachtete Optionsart redundant ist.[18]

Dies bedeutet, daß auch durch geeignete Kombination von Devisenforwards und Devisenkaufoptionen eine Reduktion der Varianz der kursgesicherten DM-Einzahlungen auf Null möglich ist. Zur Ermittlung des varianzminimierenden Devisenterminverkaufs $x^{(H)}$ und der zugehörigen Anzahl $y^{(H)}$ zu erwerbender normierter Devisenkaufoptionen ist wegen $z_{Fo1} = w_{0,1}^{(f)} - \tilde{w}_1$ als Zahlungsstruktur eines normierten Devisenforwardgeschäfts über den Terminverkauf von 1 US-$ folgendes Gleichungssystem zu lösen:

$$\begin{aligned} &\text{I. } 500 + x^{(H)} \cdot 0{,}5 + y^{(H)} \cdot (-0{,}1\overline{6}) = k, \\ &\text{II. } 2.000 + y^{(H)} \cdot (-0{,}1\overline{6}) = k, \\ &\text{III. } 4.500 + x^{(H)} \cdot (-0{,}5) + y^{(H)} \cdot 0{,}\overline{3} = k. \end{aligned} \qquad (89)$$

Da weder über Devisenforwards noch über Devisenkaufoptionen eine Beeinflussung des Erwartungswertes der unternehmerischen DM-Einzahlungen möglich ist, kann sofort auf $k = E(\tilde{z}_1) = 2.333{,}\overline{3}$ DM geschlossen werden, so daß sich über II. aus (89) unmittelbar $y^{(H)} = -2.000$ US-$ ergibt, was wiederum über III. aus (89) zu $x^{(H)} = 3.000$ US-$ führt. In der Tat war dieses Ergebnis schon auf S. 228 des Lehrbuchs aus dem Anwendungsbeispiel mit Devisenverkaufsoptionen hergeleitet worden.

Aufgabe 2:[19]
1) Die ungesicherten DM-Gesamteinzahlungen $\tilde{z}_1$ der Unternehmerin berechnen sich als $p_1 \cdot \tilde{r}_1 - k_1 \cdot \tilde{r}_1 = (p_1 - k_1) \cdot \tilde{r}_1$ und sind daher wegen $p_1 - k_1 = 1$ DM/ME vom Volumen her mit $\tilde{r}_1$ identisch. Es gilt hier also:

---

[18] Vgl. auch S. 160 f. des Lehrbuchs.
[19] Vgl. zum folgenden auch *Breuer* (1996).

	$s^{(1)}$	$s^{(2)}$	$s^{(3)}$
$\tilde{z}_1$	500	1.500	3.000

Tabelle 14: Realisationen von $\tilde{z}_1$ je nach eintretendem Umweltzustand $s^{(n)}$ (n = 1, 2, 3)

2) Die (bis t = 1 verzinslich kumulierte) Zahlungsstruktur einer normierten Devisenverkaufsoption über 1 FWE bestimmt sich als $z_{P1} = \max(w^{(a)}-\tilde{w}_1, 0) - (1+r)\cdot p_P = \max(0{,}7-\tilde{w}_1, 0) - 0{,}066$. Die Zahlungsstruktur eines normierten Devisenforwardgeschäfts über den Terminverkauf von 1 FWE lautet entsprechend $z_{Fo1} = w_{0,1}^{(f)} - \tilde{w}_1 = 0{,}7 - \tilde{w}_1$. Je nach eintretendem Umweltzustand erhält man damit für z_{P1} und z_{Fo1} die folgenden möglichen Realisationen:

	$s^{(1)}$	$s^{(2)}$	$s^{(3)}$
$\tilde{z}_{P1}$	0,134	-0,066	-0,066
$\tilde{z}_{Fo1}$	0,2	-0,05	-0,3

Tabelle 15: Realisationen von $\tilde{z}_{P1}$ und $\tilde{z}_{Fo1}$ je nach eintretendem Umweltzustand $s^{(n)}$ (n = 1, 2, 3)

3) Die Formeln zur Ermittlung von Hedging- und Spekulationsportefeuille sind in allgemeiner Form auf S. 177 des Lehrbuchs angegeben worden. Im Spezialfall I = 2 mit nur zwei Kurssicherungsinstrumenten erhält man:

$$\begin{pmatrix} x^{(H)} \\ y^{(H)} \end{pmatrix} = -C^{-1} \cdot \begin{pmatrix} \sigma^{(0,1)} \\ \sigma^{(0,2)} \end{pmatrix},$$

$$\begin{pmatrix} x^{(S)} \\ y^{(S)} \end{pmatrix} = C^{-1} \cdot \begin{pmatrix} \mu^{(1)} \\ \mu^{(2)} \end{pmatrix}.$$

(90)

Des weiteren wurde auf S. 226 die Struktur des Hedging-Portefeuilles für den Fall des Terminverkaufs von $x^{(H)}$ Devisen über ein Devisenforwardgeschäft und den Erwerb von $y^{(H)}$ normierten Devisenverkaufsoptionen über jeweils 1 FWE in ausgeschriebener Form angegeben. Dabei ergab sich:

$$x^{(H)} = -\frac{\text{Cov}(\tilde{z}_1,\tilde{z}_{Fo1})\cdot\text{Var}(\tilde{z}_{P1})-\text{Cov}(\tilde{z}_1,\tilde{z}_{P1})\cdot\text{Cov}(\tilde{z}_{Fo1},\tilde{z}_{P1})}{\text{Var}(\tilde{z}_{Fo1})\cdot\text{Var}(\tilde{z}_{P1})-\text{Cov}^2(\tilde{z}_{Fo1},\tilde{z}_{P1})},$$

$$y^{(H)} = -\frac{\text{Cov}(\tilde{z}_1,\tilde{z}_{P1})\cdot\text{Var}(\tilde{z}_{Fo1})-\text{Cov}(\tilde{z}_1,\tilde{z}_{Fo1})\cdot\text{Cov}(\tilde{z}_{Fo1},\tilde{z}_{P1})}{\text{Var}(\tilde{z}_{Fo1})\cdot\text{Var}(\tilde{z}_{P1})-\text{Cov}^2(\tilde{z}_{Fo1},\tilde{z}_{P1})}. \quad (91)$$

Da sich die Formeln des Hedging- und des Spekulationsportefeuilles in (90) neben einem Minuszeichen nur durch den jeweils zweiten Faktor unterscheiden, kann durch Analogieschluß unmittelbar aus (91) die ausgeschriebene Formulierung des Spekulationsportefeuilles für das hier betrachtete Entscheidungsproblem hergeleitet werden. Im Rahmen der Bestimmungsgleichungen für $x^{(H)}$ und $y^{(H)}$ ist neben einer Multiplikation mit -1 lediglich die Substitution von $\text{Cov}(\tilde{z}_1,\tilde{z}_{Fo1})$ (dies entspricht hier gerade $\sigma^{(0,1)}$) durch $E(\tilde{z}_{Fo1})(\equiv \mu^{(1)})$ und die Substitution von $\text{Cov}(\tilde{z}_1,\tilde{z}_{P1})$ (dies entspricht hier gerade $\sigma^{(0,2)}$) durch $E(\tilde{z}_{P1})(\equiv \mu^{(2)})$ erforderlich. Man erhält:

$$x^{(S)} = \frac{E(\tilde{z}_{Fo1})\cdot\text{Var}(\tilde{z}_{P1})-E(\tilde{z}_{P1})\cdot\text{Cov}(\tilde{z}_{Fo1},\tilde{z}_{P1})}{\text{Var}(\tilde{z}_{Fo1})\cdot\text{Var}(\tilde{z}_{P1})-\text{Cov}^2(\tilde{z}_{Fo1},\tilde{z}_{P1})},$$

$$y^{(S)} = \frac{E(\tilde{z}_{P1})\cdot\text{Var}(\tilde{z}_{Fo1})-E(\tilde{z}_{Fo1})\cdot\text{Cov}(\tilde{z}_{Fo1},\tilde{z}_{P1})}{\text{Var}(\tilde{z}_{Fo1})\cdot\text{Var}(\tilde{z}_{P1})-\text{Cov}^2(\tilde{z}_{Fo1},\tilde{z}_{P1})}. \quad (92)$$

Zur Bestimmung der konkreten Struktur von Hedging- und Spekulationsportefeuille sind nun einige Größen zu ermitteln:

$$E(\tilde{z}_{Fo1}) = \frac{1}{3} \cdot (0,2 - 0,05 - 0,3) = -0,05 \, \frac{DM}{FWE},$$

$$E(\tilde{z}_{P1}) = \frac{1}{3} \cdot (0,134 - 0,066 - 0,066) = 0,000\overline{6} \, \frac{DM}{FWE},$$

$$Var(\tilde{z}_{Fo1}) = \frac{1}{3} \cdot (0,04 + 0,0025 + 0,09) - 0,0025 = 0,041\overline{6} \, \frac{DM^2}{FWE^2},$$

$$Var(\tilde{z}_{P1}) = \frac{1}{3} \cdot (0,017956 + 0,004356 + 0,004356) - 4,\overline{4} \cdot 10^{-7}$$

$$= 0,008\overline{8} \, \frac{DM^2}{FWE^2},$$

(93)

$$Cov(\tilde{z}_{Fo1}, \tilde{z}_{P1}) = \frac{1}{3} \cdot (0,0268 + 0,0033 + 0,0198) + 3,\overline{3} \cdot 10^{-5}$$

$$= 0,016\overline{6} \, \frac{DM^2}{FWE^2},$$

$$E(\tilde{z}_1) = \frac{1}{3} \cdot (500 + 1.500 + 3.000) = 1.666,\overline{6} \, DM,$$

$$Cov(\tilde{z}_1, \tilde{z}_{Fo1}) = \frac{1}{3} \cdot (100 - 75 - 900) + 1.666,\overline{6} \cdot 0,05 = -208,\overline{3} \, \frac{DM^2}{FWE},$$

$$Cov(\tilde{z}_1, \tilde{z}_{P1}) = \frac{1}{3} \cdot (67 - 99 - 198) - 1.666,\overline{6} \cdot 0,000\overline{6} = -77,\overline{7} \, \frac{DM^2}{FWE}.$$

Im Rahmen von (93) wurden Varianzen stets als Differenz zwischen dem Erwartungswert des Quadrats der Zufallsvariablen und ihrem quadrierten Erwartungswert berechnet. Entsprechend wurden Kovarianzen zwischen zwei Zufallsvariablen stets als Differenz zwischen dem Erwartungswert ihres Produkts und dem Produkt ihrer Erwartungswerte bestimmt.

Einsetzen der Größen aus (93) in die Bestimmungsgleichungen aus (91) und (92) liefert:

$$x^{(H)} = 6.000 \text{ FWE}, \quad y^{(H)} = -2.500 \text{ FWE},$$
$$x^{(S)} = -4{,}92 \text{ FWE}, \quad y^{(S)} = 9{,}3 \text{ FWE}. \tag{94}$$

Sofern nur das Hedgingportefeuille allein gesucht gewesen wäre, hätte man wie in Aufgabe 1 einen einfacheren Ansatz zu dessen Ermittlung wählen können. Da nur drei Umweltzustände möglich sind, aber zwei (linear unabhängige) Instrumente zur Verfügung stehen, ist nämlich bekannt, daß eine sichere (und damit natürlich auch varianzminimale) Einzahlungsposition in DM durch adäquaten Einsatz der beiden Termingeschäfte erreichbar ist. Mit k als der Höhe dieser sicheren DM-Einzahlung genügt daher die Lösung des folgenden linearen Gleichungssystems mit drei Variablen zur Bestimmung von $x^{(H)}$ und $y^{(H)}$ (sowie k):

$$\begin{aligned}
\text{I.} \quad & 500 + 0{,}2 \cdot x^{(H)} + 0{,}134 \cdot y^{(H)} = k, \\
\text{II.} \quad & 1.500 - 0{,}05 \cdot x^{(H)} - 0{,}066 \cdot y^{(H)} = k, \\
\text{III.} \quad & 3.000 - 0{,}3 \cdot x^{(H)}\ 0{,}066\ y^{(H)}\ -\ k.
\end{aligned} \tag{95}$$

Auch hieraus erhält man $x^{(H)} = 6.000$ FWE und $y^{(H)} = -2.500$ FWE (sowie k = 1.365 DM). Einen ähnlich einfachen Ansatz zur Ermittlung der Struktur des Spekulationsportefeuilles scheint es jedoch nicht zu geben.

4) Aus Abschnitt 4 des Kapitels III. des Lehrbuchs ist bekannt, daß die Unternehmerin unabhängig vom Ausmaß ihres Risikoaversionsparameters α stets ein Portefeuille aus Kurssicherungsinstrumenten wählen wird, das sich jeweils als Li-

nearkombination von Hedging- und Spekulationsportefeuille darstellt. Konkret geht das Hedgingportefeuille vollständig ins Gesamtportefeuille ein, während sich der Umfang der Realisation des (übrigens von den unternehmerischen Grundgeschäften völlig unabhängigen) Spekulationsportefeuilles auf $1/\alpha$ beläuft. Für $\alpha > 0,2/DM$ folgt damit sofort, daß in $t = 0$ zu Spekulationszwecken höchstens 24,6 FWE per Termin $t = 1$ gekauft und höchstens Devisenverkaufsoptionen über 46,5 FWE erworben werden. Im Vergleich zum Hedgingportefeuille fallen diese Spekulationskomponenten augenscheinlich nicht ins Gewicht. Dies bestätigt auch eine Berechnung der Präferenzwerte für den Fall $\alpha = 0,2/DM$, und zwar einmal unter Zugrundelegung der tatsächlich optimalen Kurssicherungsentscheidung und zum anderen unter Zugrundelegung der einfachen reinen Hedging-Strategie. Im ersten Fall ergibt sich ein Wert von $\Phi(\mu,\sigma^2) = 1.365,630498$ DM, im zweiten ein nahezu identischer von 1.365 DM. Der zweite Präferenzwert resultiert dabei unmittelbar aus der Tatsache, daß die reine Hedging-Maßnahme zu einer sicheren Einzahlung in ebendieser Höhe führt, also von 1.365 DM keinerlei Risikoabschlag zu erfolgen hat. Zur Ermittlung des ersten Präferenzwertes ist es zunächst erforderlich, die zustandsabhängigen Einzahlungen der Unternehmerin bei Optimalverhalten für $\alpha = 0,2/DM$ zu bestimmen. Wegen $x^* = x^{(H)} + 1/\alpha \cdot x^{(S)}$ und $y^* = y^{(H)} + 1/\alpha \cdot y^{(S)}$ erhält man:

	$s^{(1)}$	$s^{(2)}$	$s^{(3)}$
$z_1^{(K)*}$	1.366,311	1.363,161	1.369,311

Tabelle 16: Mögliche DM-Einzahlungen der Unternehmerin bei optimalen Terminengagements für $\alpha = 0,2/DM$

Auf der Grundlage von *Tabelle 16* gelangt man zu erwarteten Einzahlungen der Unternehmerin von 1.366,261 DM sowie einer Varianz der DM-Einzahlungen von 6,30502 DM². Einsetzen dieser Ergebnisse in die unternehmerische Präferenzfunktion liefert sodann den oben angegebenen Präferenzwert.

Da die Approximationsgüte der reinen Hedginglösung mit wachsendem Risikoaversionsparameter nicht geringer, sondern eher größer wird (für $\alpha \to \infty$ ist die "Näherung" perfekt), ist hier in der Tat die Beschränkung auf die Umsetzung der reinen Hedging-Strategie eine gute Verhaltensempfehlung, obwohl durch Termingeschäfte eine Beeinflussung des Erwartungswertes der zukünftigen (kumulierten) DM-Einzahlungen möglich ist.

Aufgabe 3:

1) Die (ungesicherten) DM-Einzahlungsüberschüsse des Zeitpunktes $t = 1$ bestimmen sich hier in Abhängigkeit der Produktionsmenge τ_1 als

$$\tilde{z}_1 = (\tilde{p}_1^{(US)} \cdot \tilde{w}_1 - k_1) \cdot \tau_1 - K_1^{(F)}. \tag{96}$$

Da sich der erzielbare DM-Preis $\tilde{p}_1^{(US)} \cdot \tilde{w}_1$ mindestens auf $50 \cdot 1 = 50$ DM/ME bemißt und die zahlungsgleichen und konstanten variablen Stückkosten nur 40 DM/ME betragen, ist die Deckungsspanne für jede produzierte Mengeneinheit in jedem Fall positiv, so daß die Unternehmerin bis zur Kapazitätsgrenze von 300 ME fertigen wird. Damit können für alle denkbaren neun Umweltzustände (3·3 Kombinationen von US-\$-Preisen und Kassakursen) die resultierenden DM-Einzahlungen der Unternehmerin zum Zeitpunkt $t = 1$ ermittelt werden.

	$p_1^{(US)} = 50$	$p_1^{(US)} = 60$	$p_1^{(US)} = 70$
$w_1 = 1$	2.100	5.100	8.100
$w_1 = 1,2$	5.100	8.700	12.300
$w_1 = 1,4$	8.100	12.300	16.500

Tabelle 17: Realisationen von $\tilde{z}_1$ je nach eintretendem Wechselkurs $\tilde{w}_1$ und US-\$-Absatzpreis $\tilde{p}_1^{(US)}$

Auf dieser Grundlage gelangt man schließlich zu folgender Wahrscheinlichkeitsverteilung von $\tilde{z}_1$:

ϕ	1/9	2/9	2/9	1/9	2/9	1/9
$\tilde{z}_1$	2.100	5.100	8.100	8.700	12.300	16.500

Tabelle 18: Wahrscheinlichkeitsverteilung von $\tilde{z}_1$

2) Die Ermittlung des aus Sicht der Unternehmerin optimalen Devisenterminengagements wird erleichtert, wenn man die folgenden Vorüberlegungen anstellt:

Erstens gilt die Terminkurstheorie der Wechselkurserwartung und ist der Erwartungswert $E(\tilde{z}_{P1})$ der bis t = 1 kumulierten DM-Einzahlungen aus einer Verkaufsoption auf 1 US-$ gleich Null. Es gilt nämlich:

$$\tilde{z}_{P1} = \max(w^{(a)} - \tilde{w}_1, 0) - (1+r) \cdot p_P$$
$$= \max(1,1 - \tilde{w}_1, 0) - 0,0\overline{3}. \tag{97}$$

Damit sind für $\tilde{z}_{P1}$ die folgenden beiden Realisationen je nach Kassakursentwicklung möglich: $0,0\overline{6}$ DM/US-$ mit der Wahrscheinlichkeit ⅓, nämlich für w_1 = 1 DM/US-$, und $-0,0\overline{3}$ DM/US-$ mit der Wahrscheinlichkeit ⅔, woraus sofort $E(\tilde{z}_{P1}) = 0$ resultiert. Folglich kann die Unternehmerin durch den Abschluß von Devisenforward- oder -optionsgeschäften im Rahmen dieser Aufgabe keinen Einfluß auf die Höhe ihrer zum Zeitpunkt t = 1 erwarteten Einzahlungen in Inlandswährung nehmen. Das μ-σ-Prinzip vereinfacht sich zur Zielsetzung der Varianzminimierung.

Zweitens spielt das Ausmaß der zahlungsgleichen Fixkosten $K_1^{(F)}$ ebenso wie die Gesamtheit der zahlungsgleichen variablen Kosten $k_1 \cdot \tau_1$ wegen ihres sicheren Anfalls in DM keine Rolle für die Höhe der Varianz der gesamten, bis zum Zeitpunkt t = 1 kumulierten DM-Einzahlungen. Daher brauchen lediglich die in Inlandswährung umgerechneten Fremdwährungserlöse $\tilde{p}_1^{(US)} \cdot \tilde{w}_1 \cdot \tau_1$ des Zeitpunktes t = 1 aus der betrieblichen Leistungserstellung als Ausgangspunkt für Kurssicherungsgeschäfte gewählt zu werden.

Drittens sind der Absatzpreis in US-$ und der Kassakurs des Zeitpunktes t = 1 stochastisch voneinander unabhängig. Damit aber sind auch die gesamten Fremdwährungslöse $\tilde{e}_1 = \tilde{p}_1^{(US)} \cdot \tau_1$ stochastisch unabhängig von dem künftigen Kassawechselkurs. Für eine solche Situation ist aus dem Lehrbuch, S. 232, bekannt, daß Varianzminimierung durch alleinigen Terminverkauf von Devisen im Umfang der erwarteten Fremdwährungserlöse bei Verzicht auf den Einsatz von Devisenverkaufsoptionen erreicht werden kann. Da der erwartete US-$-Preis sich auf (50+60+70)/3 = 60 US-$ beläuft und die Produktions- und Absatzmenge τ_1 = 300 ME beträgt, fallen insgesamt erwartete Fremdwährungserlöse im Umfang von 60·300 = 18.000 US-$ an. Der Terminverkauf von 18.000 US-$ in t = 0 per Termin t = 1 zu $w_{0,1}^{(f)} = E(\tilde{w}_1) = 1,2$ DM/US-$ führt insgesamt zu den folgenden unternehmerischen DM-Einzahlungen des Zeitpunktes t = 1 in Abhängigkeit vom eintretenden US-$-Absatzpreis und Kassakurs:

	$\tilde{p}_1^{(US)} = 50$	$\tilde{p}_1^{(US)} = 60$	$\tilde{p}_1^{(US)} = 70$
$\tilde{w}_1 = 1$	5.700	8.700	11.700
$\tilde{w}_1 = 1,2$	5.100	8.700	12.300
$\tilde{w}_1 = 1,4$	4.500	8.700	12.900

Tabelle 19: Realisationen von $z_1^{(K)*}$ je nach eintretendem Wechselkurs $\tilde{w}_1$ und US-$-Absatzpreis $\tilde{p}_1^{(US)}$

Daraus wiederum erhält man als Wahrscheinlichkeitsverteilung von $z_1^{(K)*}$:

ϕ	1/9	1/9	1/9	1/3	1/9	1/9	1/9
$z_1^{(K)*}$	4.500	5.100	5.700	8.700	11.700	12.300	12.900

Tabelle 20: Wahrscheinlichkeitsverteilung von $z_1^{(K)*}$

Daß eine deutliche Reduktion der Streuung der DM-Einzahlungen erreicht werden konnte, ist augenfällig. In der Tat beträgt die Standardabweichung der DM-Einzahlungen ohne Termingeschäfte ungefähr 4.176,12 DM, mit varianzminimierendem Terminengagement hingegen nur etwa 2.966,48 DM, also circa 28,97 % weniger.

Die vorliegende Aufgabe kann zugleich als ein Beispiel dafür dienen, daß auch bei endogenen Produktions- und Absatzentscheidungen von Unternehmen durchaus Szenarien denkbar sind, in denen die realisierbaren Fremdwährungserlöse stochastisch unabhängig von der Kassakursentwicklung sind. Ein weiteres Beispiel zur Relevanz stochastischer Unabhängigkeit wäre neben dem im Lehrbuch ausführlich behandelten Fall der Teilnahme an internationalen Ausschreibungen die Absicherung einer ausfallbedrohten Kreditforderung in Fremdwährung. Denn hier wird man in aller Regel Unabhängigkeit von Ausfallrisiko und Kassakursrisiko unterstellen dürfen. Damit käme auch hier der Terminverkauf der erwarteten (Kredit-) Rückzahlung als Sicherungsmaßnahme in Betracht.

3 Hedging bei internationalen Ausschreibungen

Übungsaufgaben

Aufgabe 1:
Gegeben sei eine deutsche Unternehmerin, die in t = 2 mit einer unsicheren Einzahlung in US-$ rechnet. In t = 1 erfährt sie, ob sich diese Einzahlung auf 1.000 US-$ oder aber auf 0 US-$ beläuft. Beide Möglichkeiten seien gleich wahrscheinlich. Der Terminkurs $w_{1,2}^{(f)}$ des Zeitpunktes t = 1 per Termin t = 2 sei bereits in t = 0 mit Sicherheit bekannt und bemesse sich auf 1 DM/US-$. Der Kassakurs $\tilde{w}_2$ des Zeitpunktes t = 2 sei unabhängig von der Höhe der eingehenden US-$-Zahlung und könne die beiden Werte 0,7 DM/US-$ und 1,2 DM/US-$ mit jeweils gleicher Wahrscheinlichkeit annehmen. In t = 0 könne kein Termingeschäft abgeschlossen werden.

1) Angenommen, die Unternehmerin ermittle ihre Kurssicherungsstrategie im Wege der Rückwärtsinduktion unter der Prämisse varianzminimierenden Verhaltens in jedem Zeitpunkt und Zustand. In welcher Weise wird sie unter dieser Voraussetzung von Devisenterminverkäufen Gebrauch machen? Welche Varianz der Einzahlungen in Inlandswährung zum Zeitpunkt t = 2 ergibt sich auf dieser Grundlage aus Sicht des Zeitpunktes t = 0?

2) Angenommen, die Unternehmerin entscheidet bereits in t = 0, daß sie in t = 1 Devisen im Umfang der aus Sicht des Zeitpunktes t = 0 erwarteten US-$-Einzahlungen des Zeitpunktes t = 2 verkauft. Wie groß ist aus Sicht des Zeitpunktes t = 0 in diesem Falle die Varianz der DM-Einzahlungen zum Zeitpunkt t = 2? Wie plausibel erscheint Ihnen eine derartige Verhaltensweise der Unternehmerin?

Aufgabe 2: (40 min)
Gegeben sei eine deutsche Unternehmerin im Rahmen einer Drei-Zeitpunkte-Betrachtung (t = 0, 1, 2), die im Zeitpunkt t = 2 eine sichere Einzahlung in Höhe von 100.000 US-$ erhält. In t = 0 ist darüber zu entscheiden, ob der Zugang zu

einem Terminmarkt beantragt werden soll. Im Falle der Antragstellung könne im Zeitpunkt t = 1 per Termin t = 2 ein Devisenforwardgeschäft beliebigen Umfangs abgeschlossen werden. Der dabei in t = 1 maßgebliche Devisenterminkurs $\tilde{w}_{1,2}^{(f)}$ sei aus Sicht von t = 0 unsicher und könne mit gleicher Wahrscheinlichkeit die beiden Werte 0,993 DM/US-$ und 1,1 DM/US-$ annehmen. Der Kassakurs $\tilde{w}_2$ des Zeitpunktes t = 2 sei ebenfalls ungewiß. Für $w_{1,2}^{(f)}$ = 0,993 DM/US-$ sollen sich für $\tilde{w}_2$ die beiden möglichen Realisationen 0,98 DM/US-$ und 1,05 DM/US-$ mit jeweils gleicher Wahrscheinlichkeit ergeben. Für $w_{1,2}^{(f)}$ = 1,1 DM/US-$ verfüge $\tilde{w}_2$ ebenfalls über zwei gleich wahrscheinliche Realisationen, und zwar 1,05 DM/US-$ sowie 1,12 DM/US-$. Für die Unternehmerin gelte des weiteren eine μ-σ-Präferenzfunktin der Form $\Phi(\mu,\sigma^2) = \mu - 0{,}5 \cdot \alpha \cdot \sigma^2$ mit α = 0,00032/DM.

1) Welchen Präferenzwert erreicht die Unternehmerin aus Sicht von t = 0, wenn sie in t = 0 keinen Zugang zu Devisentermingeschäften für t = 1 beantragt?
2) Welchen Präferenzwert erreicht die Unternehmerin, wenn sie in t = 0 den Terminmarktzugang mit Wirkung für t = 1 beantragt und sie sich nicht schon in t = 0 auf ein bestimmtes Terminmarktverhalten zum Zeitpunkt t = 1 festlegen kann?
3) Wie wird sich die Unternehmerin in Anbetracht der Ergebnisse aus 1) und 2) hinsichtlich der Möglichkeit zur Antragstellung in t = 0 verhalten? Inwiefern ist dieses Ergebnis bemerkenswert, und was ist seine Ursache?

Aufgabe 3:
Ermitteln Sie für eine Drei-Zeitpunkte-Betrachtung (t = 0, 1, 2) die Differenz zwischen der verbleibenden Restvarianz im Falle einer einstufigen Terminsicherung mit (langfristigen) Devisenforwards von t = 0 bis t = 2 und der Varianz der DM-Einzahlungen im Falle ohne Kurssicherung, und zeigen Sie, daß diese Differenz nicht-positiv ist! Unter welchen Bedingungen ist die Restvarianz gleich der Varianz ohne Kurssicherung?

Aufgabe 4:
Weisen Sie nach, daß unter Zugrundelegung einer Drei-Zeitpunkte-Betrachtung (t = 0, 1, 2) bei jederzeitiger Gültigkeit der Terminkurstheorie der Wechselkurserwartung die aus Sicht des Zeitpunktes t = 0 im Rahmen zweistufiger Terminsicherung mit langfristigen Devisenforwards varianzminimierende Kurssicherungsstrategie tatsächlich mit der im Wege der Rückwärtsinduktion bei varianzminimierendem Verhalten in jedem Zeitpunkt und Zustand ermittelten übereinstimmt! Gehen Sie zu diesem Zweck wie folgt vor:

1) Begründen Sie zunächst, wieso die Minimierung von $Var(\tilde{z}_2^{(K)})$ identisch ist zur Minimierung von $E(\tilde{z}_2^{(K)2})$!
2) Erläutern Sie anschließend, warum die Minimierung von $E(\tilde{z}_2^{(K)2})$ nur möglich ist, wenn in jedem Zeitpunkt und Zustand der dann vorliegende bedingte Erwartungswert der quadrierten DM-Einzahlungsüberschüsse minimiert wird!
3) Schließlich ist zu erklären, wieso die Minimierung des jeweiligen bedingten Erwartungswertes der quadrierten DM-Einzahlungsüberschüsse äquivalent ist zur Minimierung der bedingten Varianz der Einzahlungsüberschüsse, wodurch die Behauptung bewiesen ist.

Aufgabe 5:
Gegeben seien die Annahmen aus Aufgabe 4 des Abschnitts 1 dieses Kapitels mit der alleinigen Modifikation, daß eine Anpassung der unternehmerischen Terminposition nach Eingang der Fremdwährungszahlung e berücksichtigt wird. Konkret sei also angenommen, daß die Unternehmerin sowohl im Zeitpunkt t = 0 als auch im Zeitpunkt t = $\tilde{\nu}$ Devisentermingeschäfte mit Fälligkeit in t = 2 abschließen kann. Die antizipative Festlegung auf ein bestimmtes Terminmarktverhalten für den künftigen Zeitpunkt t = $\tilde{\nu}$ bereits in t = 0 sei jedoch nicht möglich. Wie lauten nun die optimalen Devisenterminverkäufe dieser beiden Zeitpunkte unter der Maßgabe jeweils varianzminimierenden Verhaltens aus Sicht jedes der beiden Betrachtungszeitpunkte?

Lösungen

Aufgabe 1:

1) Bei Ermittlung der von der Unternehmerin zu wählenden Kurssicherungsstrategie im Wege der Rückwärtsinduktion ist zunächst aus Sicht des Zeitpunktes t = 1 nach dem dann (zustandsabhängig) varianzminimierenden Kurssicherungsverhalten zu fragen.

Sofern in t = 1 bekannt wird, daß in t = 2 ein Fremdwährungseingang von 1.000 US-$ zu verzeichnen ist, erfordert Varianzminimierung, daß auch 1.000 US-$ in t = 1 per Termin t = 2 verkauft werden. Mit $x_1^{(1)}$ = 1.000 US-$ sei der varianzminimierende Devisenterminverkauf für diesen ersten denkbaren Umweltzustand bezeichnet. Der zweite denkbare Umweltzustand ist durch Einzahlungen von 0 US-$ in t = 2 gekennzeichnet. Hier erfordert Varianzminimierung in t = 1 natürlich ein Terminengagement von $x_1^{(2)}$ = 0 US-$. Aus Sicht des Zeitpunktes t = 0 resultiert damit, daß sich mit gleicher Wahrscheinlichkeit von 0,5 für t = 2 Einzahlungen in DM von 1.000·1 = 1.000 oder aber von 0 ergeben. Der Erwartungswert der DM-Einzahlungen des Zeitpunktes t = 2 aus Sicht von t = 1 beläuft sich demnach auf 0,5·1.000 = 500 DM. Hieraus erhält man des weiteren:

$$\operatorname{Var}(\tilde{z}_2^{(K)}) = E(\tilde{z}_2^{(K)2}) - E^2(\tilde{z}_2^{(K)}) \\ = 0{,}5 \cdot 1.000^2 - 500^2 \\ = 250.000 \text{ DM}^2. \tag{98}$$

2) Da die Unternehmerin in t = 2 mit jeweils gleicher Wahrscheinlichkeit Fremdwährungseinzahlungen in Höhe von 1.000 oder aber 0 US-$ erzielt, beläuft sich deren Erwartungswert auf 0,5·1.000 = 500 US-$. Damit sind für den Zeitpunkt t = 2 vier verschiedene Situationen zu unterscheiden, je nachdem, welche Realisationen sich für den Kassakurs des Zeitpunktes t = 2 und die unsicheren Fremdwährungseinzahlungen der Unternehmerin ergeben.

a) 1.000 US-$ Einzahlung und $w_2 = 0,7$ DM/US-$:
    Gesamterlöse von $500 \cdot 1 + 500 \cdot 0,7 = 850$ DM,
b) 1.000 US-$ Einzahlung und $w_2 = 1,2$ DM/US-$:
    Gesamterlöse von $500 \cdot 1 + 500 \cdot 1,2 = 1.100$ DM,
c) 0 US-$ Einzahlung und $w_2 = 0,7$ DM/US-$:
    Gesamterlöse von $500 \cdot (1-0,7) = 150$ DM,
d) 0 US-$ Einzahlung und $w_2 = 1,2$ DM/US-$:
    Gesamterlöse von $500 \cdot (1-1,2) = -100$ DM.

Auf dieser Grundlage können nun Erwartungswert und (anschließend) Varianz der bei diesem Kurssicherungsverhalten resultierenden DM-Erlöse des Zeitpunktes t = 2 aus Sicht von t = 0 bestimmt werden:

$$E(\tilde{z}_2^{(K)}) = \frac{1}{4} \cdot (850 + 1.100 + 150 - 100) = 500 \text{ DM},$$

$$E(\tilde{z}_2^{(K)2}) = \frac{1}{4} \cdot (722.500 + 1.210.000 + 22.500 + 10.000) = 491.250 \text{ DM}^2 \quad (99)$$

$$\Rightarrow Var(\tilde{z}_2^{(K)}) = 491.250 - 250.000 = 241.250 \text{ DM}^2,$$

so daß demnach für diese zweite Kurssicherungsstrategie ein geringerer Wert für die Varianz der resultierenden DM-Gesamterlöse des Zeitpunktes t = 2 aus Sicht von t = 0 folgt, als gemäß der unter 1) im Wege der Rückwärtsinduktion ermittelten varianzminimierenden. Ursache für dieses Ergebnis ist natürlich die mangelnde Zeitkonsistenz von aus Sicht des Zeitpunktes t = 0 varianzminimierenden Strategien, sofern der Erwartungswert der DM-Einzahlungen durch Termingeschäfte beeinflußt werden kann. Genau letzteres ist hier wegen fehlender Gültigkeit der Terminkurstheorie der Wechselkurserwartung von t = 1 bis t = 2 der Fall.[20]

---

[20] Vgl. hierzu auch S. 248 f. des Lehrbuchs.

Natürlich kann man sich fragen, ob die Unternehmerin in t = 0 überhaupt in der Lage ist, sich bereits auf ein bestimmtes Verhalten zum Zeitpunkt t = 1 festzulegen. Sofern dies nicht der Fall ist, ist das Varianzminimierungsproblem notwendigerweise im Wege der Rückwärtsinduktion zu lösen, so daß man zur Lösung aus 1) gelangt. Gleichwohl wäre es aus Sicht der Unternehmerin zum Zeitpunkt t = 0 wünschenswert, wenn die Möglichkeit zur Bindung an bestimmte künftige Terminengagements bestünde.

Aufgabe 2:[21]

1) Ohne Terminmarktzugang realisiert die Unternehmerin in t = 2 unsichere DM-Einzahlungen in Höhe $\tilde{z}_2 = 100.000 \cdot \tilde{w}_2$. Als Erwartungswert und Varianz von $\tilde{w}_2$ erhält man aus Sicht von t = 0 hierbei:

$$E(\tilde{w}_2) = \frac{1}{4} \cdot (0{,}98 + 1{,}05 + 1{,}05 + 1{,}12) = 1{,}05 \frac{DM}{US-\$},$$

$$Var(\tilde{w}_2) = \frac{1}{4} \cdot (0{,}98^2 + 1{,}05^2 + 1{,}05^2 + 1{,}12^2) - 1{,}05^2 = 0{,}00245 \frac{DM^2}{US-\$^2}.$$
(100)

Damit erzielt die Unternehmerin für den Fall ohne Terminmarktzugang einen Präferenzwert in Höhe von

$$\Phi(\mu, \sigma^2) = 100.000 \cdot E(\tilde{w}_2) - 0{,}5 \cdot 0{,}00032 \cdot 100.000^2 \cdot Var(\tilde{w}_2)$$
$$= 101.080 \text{ DM}.$$
(101)

2) Der Fall mit Terminmarktzugang zum Zeitpunkt t = 1 ist deutlich schwieriger zu behandeln, da zunächst nach dem optimalen zustandsabhängigen unternehmerischen Terminengagement des Zeitpunktes t = 1 zu fragen ist. Annahmegemäß kann sich die Unternehmerin dabei nicht bereits in t = 0 auf eine bestimmte Verhaltensweise für t = 1 festlegen, so daß ihr Kurssicherungsverhalten aus Sicht des Zeitpunktes t = 1 zu ermitteln ist. Der in t = 1 herrschende Umwelt-

---

[21] Vgl. zum folgenden auch *Breuer* (1998).

zustand wird durch den dann maßgeblichen Terminkurs $w_{1,2}^{(f)}$ beschrieben. In Abhängigkeit von dessen Realisation lautet der präferenzmaximierende Devisenterminverkauf der Unternehmerin aus Sicht des Zeitpunktes t = 1 mit Fälligkeit in t = 2 wie folgt:

$$x_1^*(\tilde{w}_{1,2}^{(f)}) = 100.000 + \frac{\tilde{w}_{1,2}^{(f)} - E(\tilde{w}_2|\tilde{w}_{1,2}^{(f)})}{\alpha \cdot Var(\tilde{w}_2|\tilde{w}_{1,2}^{(f)})}. \tag{102}$$

Die Herleitung der Formel (102) vollzieht sich dabei analog zu der von (91) auf S. 193 des Lehrbuchs, nur daß im Rahmen dieser Übungsaufgabe der Zeitraum von t = 1 bis t = 2 statt von t = 0 bis t = 1 betrachtet und überdies die Zustandsabhängigkeit von Erwartungswert und Varianz des künftigen Kassakurses im Entscheidungszeitpunkt berücksichtigt wird. Zur Ermittlung des optimalen unternehmerischen Devisenterminverkaufs auf der Grundlage von (102) sind als nächstes die bedingten Erwartungswerte und Varianzen von $\tilde{w}_2$ je nach dem in t = 1 herrschenden Terminkurs $\tilde{w}_{1,2}^{(f)}$ zu bestimmen:

$$w_{1,2}^{(f)} = 0{,}993 \frac{DM}{US-\$}:$$

$$E(\tilde{w}_2|w_{1,2}^{(f)}) = \frac{1}{2} \cdot (0{,}98 + 1{,}05) = 1{,}015 \frac{DM}{US-\$},$$

$$Var(\tilde{w}_2|w_{1,2}^{(f)}) = \frac{1}{2} \cdot (0{,}98^2 + 1{,}05^2) - 1{,}015^2 = 0{,}001225 \frac{DM^2}{US-\$^2},$$

$$w_{1,2}^{(f)} = 1{,}1 \frac{DM}{US-\$}: \tag{103}$$

$$E(\tilde{w}_2|w_{1,2}^{(f)}) = \frac{1}{2} \cdot (1{,}05 + 1{,}12) = 1{,}085 \frac{DM}{US-\$},$$

$$Var(\tilde{w}_2|w_{1,2}^{(f)}) = \frac{1}{2} \cdot (1{,}05^2 + 1{,}12^2) - 1{,}085^2 = 0{,}001225 \frac{DM^2}{US-\$^2}.$$

Einsetzen der Werte aus (103) in (102) liefert unmittelbar:

$$x_1^*(w_{1,2}^{(f)}=0{,}993) \approx 43.877{,}55 \text{ US-\$},$$

$$x_1^*(w_{1,2}^{(f)} = 1{,}1) \approx 138.265{,}31 \text{ US-\$}. \tag{104}$$

Über die Bestimmungsgleichung $\tilde{z}_2^{(K)*} = 100.000 \cdot \tilde{w}_2 + x_1(\tilde{w}_{1,2}^{(f)}) \cdot (\tilde{w}_{1,2}^{(f)} - \tilde{w}_2)$ können damit wiederum die für die aus Sicht von t = 0 vier möglichen Umweltzustände letzten Endes resultierenden DM-Einzahlungen des Zeitpunktes t = 2 ermittelt werden:

	$w_{1,2}^{(f)} = 0{,}993$		$w_{1,2}^{(f)} = 1{,}1$	
	$w_2 = 0{,}98$	$w_2 = 1{,}05$	$w_2 = 1{,}05$	$w_2 = 1{,}12$
$\tilde{z}_2^{(K)*}$	98.570,41	102.498,98	111.913,27	109.234,69

Tabelle 21: Mögliche Realisationen von $\tilde{z}_2^{(K)*}$ in Abhängigkeit vom eintretenden Umweltzustand (auf zwei Stellen genau gerundet)

Da alle vier möglichen Realisationen von $z_2^{(K)*}$ in *Tabelle 21* gleich wahrscheinlich sind, können der zugehörige Erwartungswert und die Varianz leicht berechnet werden als $E(\tilde{z}_2^{(K)*}) \approx 105.554{,}3375$ DM und $Var(\tilde{z}_2^{(K)*}) \approx 28.022.867{,}4605$ DM^2, so daß sich hier ein Präferenzwert von $\Phi(\mu,\sigma^2) \approx 105.554{,}3375 - 0{,}5 \cdot 0{,}00032 \cdot 28.022.867{,}4605 \approx 101.070{,}68$ DM ergibt.

3) Augenscheinlich kann die Unternehmerin durch Verzicht auf die Antragstellung aus Sicht von t = 0 einen höheren Präferenzwert als bei Beantragung des Terminmarktzugangs erlangen. Dieses Ergebnis ist insofern bemerkenswert, als sich durch den Terminmarktzugang für die Unternehmerin lediglich eine Erweiterung ihrer Handlungsmöglichkeiten ergibt, genau dies sich hier aber in der Tat nachteilig auswirkt. Die tiefere Ursache für dieses paradox wirkende Ergebnis liegt natürlich in der unternehmerischen Zielfunktion, durch die Zeitkonsistenz

von aus Sicht des Zeitpunktes t = 0 präferenzmaximierenden Strategien ähnlich wie in Aufgabe 1 dieses Abschnitts nicht gewährleistet ist. Die vorliegende Aufgabe belegt, daß dieses Phänomen durchaus auch praktische Relevanz gewinnen kann, nämlich dann, wenn ein Entscheidungssubjekt mit einer entsprechenden Präferenzfunktion durch gegenwärtige Handlungen seine künftigen Verhaltensspielräume determiniert.

Insgesamt liegt hier eine Konstellation vor, in der eine Option, nämlich der Zugang zu einem Terminmarkt, über einen negativen Wert verfügt: Die Unternehmerin stellt sich aus Sicht von t = 0 ohne den Terminmarktzugang besser. Solch ein Ergebnis ist bei isolierter[22] Betrachtung eines einzelnen Entscheidungsträgers nur bei Zeitkonsistenzproblemen herleitbar. Die Unternehmerin wird hier also im Zeitpunkt t = 0 auf die Antragstellung verzichten. Bemerkenswerterweise wird sie diese Entscheidung allerdings im Zeitpunkt t = 1 bedauern. Denn aus Sicht dieses Zeitpunktes ist der Terminmarktzugang unbestreitbar von Vorteil. Solchermaßen "schizophrene" Verhaltensweisen von Entscheidungssubjekten im Rahmen intertemporaler Entscheidungsprobleme legen nahe, daß Präferenzfunktionen, die Zeitkonsistenz optimaler Strategien nicht generell gewährleisten, grundsätzlich überaus unplausibel und für Zwecke einer normativen, also auf die Herleitung von Handlungsempfehlungen ausgerichteten, Entscheidungstheorie kaum geeignet sind.[23] Dies stellt damit zugleich eine weitere Schwäche

---

[22] Es gibt noch eine zweite denkbare Begründung für negative Werte von Optionen. Dieses Phänomen kann auch noch in spieltheoretischen Entscheidungssituationen auftreten, in denen das (vermutete) Verhalten eines Entscheidungsträgers Relevanz für die Ermittlung des Optimalverhaltens eines anderen gewinnt. Vgl. z.B. auch *Gintschel* (1999), S. 79.

[23] In der deskriptiven, d.h. auf die Beschreibung tatsächlich beobachtbaren Entscheidungsverhaltens abstellenden, Entscheidungstheorie hingegen wird die Frage der fehlenden Zeitkonsistenz von Entscheidern im Rahmen intertemporaler Kalküle durchaus ausführlich diskutiert, wenngleich es hierbei in der Regel nicht um die gegebenenfalls fehlende Zeitkonsistenz von μ-σ-Präferenzfunktionen geht. Dabei zeigt sich unter anderem auch, daß realiter doch in verschiedener Hinsicht Möglichkeiten zur Selbstbindung von Ent-

von μ-σ-Präferenzfunktionen dar, die generell nur vermieden werden kann, wenn man explizit eine quadratische Risiko-Nutzenfunktion unterstellt oder von der Unbeeinflußbarkeit der Erwartungswertkomponente μ ausgeht. Denn die unter der letztgenannten Prämisse nur noch zu ermittelnden varianzminimierenden Strategien werden auf jeden Fall über die Eigenschaft der Zeitkonsistenz verfügen. Überdies vermeidet man dabei das Problem, daß für eine Präferenzfunktion der Form $\Phi(\mu,\sigma^2) = \mu - 0{,}5 \cdot \alpha \cdot \sigma^2$ mit festem α im intertemporalen Kontext eine (implizite) Begründung über den Verweis auf quadratische Risiko-Nutzenfunktionen in jedem Fall ausscheidet: Während man bei Ein-Perioden-Problemen argumentieren kann, daß es zu jeder quadratischen Risiko-Nutzenfunktion einen passenden Wert α für die Präferenzfunktion der Form $\Phi(\mu,\sigma^2) = \mu - 0{,}5 \cdot \alpha \cdot \sigma^2$ gibt, so daß bei Maximierung der letztgenannten Zielfunktion die gleiche Verhaltensweise wie bei direkter Maximierung des Erwartungswertes der ursprünglich betrachteten quadratischen Risiko-Nutzenfunktion resultiert, müßte im intertemporalen Kontext für gegebene quadratische Risiko-Nutzenfunktion der Parameter α zeit- und zustandsabhängig variiert werden. Da die Risikoscheu bei quadratischen Risiko-Nutzenfunktionen im Falle von Vermögensvariationen nicht konstant ist, gibt es auch keinen jeweils allgemeingültigen Wert für α. Auch unter diesem Aspekt ist die nutzentheoretische Fundierung des μ-σ-Prinzips für mehrperiodige Entscheidungsprobleme noch schwächer als für einperiodige.

Aufgabe 3:
Im Rahmen einer einstufigen Terminsicherung liegt de facto ein Zwei-Zeitpunkte-Problem mit den beiden Zeitpunkten t = 0 und t = 2 vor. Daher kann zur Ermittlung der hierbei verbleibenden Restvarianz unmittelbar auf die Formel (99) von S. 198 des Lehrbuchs verwiesen werden. Man erhält:

---

scheidern bestehen. Man denke etwa daran, daß jemand von vornherein nur mit 50,- DM ein Spielcasino besucht, wohl wissend, daß ihn die Spielleidenschaft ansonsten zum Verlust höherer Beträge treiben könnte, was er wenigstens aus heutiger (Ex-ante-) Sicht jedoch bedauern würde. Vgl. zur Frage mangelnder Zeitkonsistenz im Kontext intertemporalen Entscheidungsverhaltens auch beispielsweise *Langer* (1999), S. 27 ff., und die dort genannte Literatur.

$$\text{Var}(\tilde{z}_2^{(K)*})$$
$$= \text{Var}(\tilde{z}_2) \cdot [1 - \rho^2(\tilde{z}_2, \tilde{z}_{Fo2})] \tag{105}$$
$$= \text{Var}(\tilde{z}_2) \cdot [1 - \rho^2(\tilde{z}_2, \tilde{w}_2)],$$

wobei $\tilde{z}_{Fo2} \equiv w_{0,2}^{(f)} - \tilde{w}_2$ definiert sei.

Die gesuchte Differenz der Varianzen mit und ohne Hedging beträgt demnach:

$$\text{Var}(\tilde{z}_2^{(K)*}) - \text{Var}(\tilde{z}_2) = -\rho^2(\tilde{z}_2, \tilde{w}_2) \cdot \text{Var}(\tilde{z}_2). \tag{106}$$

Da Quadrate stets nicht-negativ sind, folgt sofort, daß die Differenz aus (106) nicht-positiv ist. Die Varianz mit Hedging entspricht der ohne, sofern die Differenz aus (106) gerade Null wird. Dies ist genau dann der Fall, wenn sich die Korrelation zwischen den DM-Einzahlungen aus dem Grundgeschäft und dem Kassakurs des zugehörigen Zeitpunktes t = 2 auf Null beläuft: Nur bei Unkorreliertheit dieser beiden Größen ist am besten auf jegliches Terminengagement zu verzichten ($x_0^{(H)}$ = 0 US-\$) und daher keinerlei Varianzreduktion durch Devisenforwards erreichbar.

Aufgabe 4:
1) Für die Varianz der gesamten kumulierten DM-Einzahlungen $z_2^{(K)}$ bis zum Zeitpunkt t = 2 unter Beachtung der Konsequenzen aus Kurssicherungsmaßnahmen gilt aus Sicht des Zeitpunktes t = 0 allgemein

$$\text{Var}(\tilde{z}_2^{(K)}) = E(\tilde{z}_2^{(K)2}) - E^2(\tilde{z}_2^{(K)}). \tag{107}$$

Bei jederzeitiger Gültigkeit der Terminkurstheorie der Wechselkurserwartung erweist sich $E(\tilde{z}_2^{(K)})$ und damit natürlich auch das zugehörige Quadrat als durch unternehmerische Maßnahmen unbeeinflußbar. Die Minimierung der Varianz von $z_2^{(K)}$ aus Sicht des Zeitpunktes t = 0 ist daher äquivalent zur Minimierung des Erwartungswertes $E(\tilde{z}_2^{(K)2})$.

2) Im folgenden werde von einem gegebenen Terminverkauf x_0 des Zeitpunktes $t = 0$ per Termin $t = 2$ ausgegangen. Des weiteren sei mit $\tilde{s}$ der ungewisse Umweltzustand bezeichnet, der im Zeitpunkt $t = 1$ eintritt, und $f(s)$ sei die zugehörige Wahrscheinlichkeitsdichtefunktion. Im Falle der Teilnahme an einer internationalen Ausschreibung wird der jeweils eingetretene Umweltzustand gemäß der Darstellung aus Abschnitt 3 des Kapitels IV. des Lehrbuchs durch die Realisationen einer Indikatorvariablen $\tilde{\gamma}$ und des Terminkurses $\tilde{w}_{1,2}^{(f)}$ beschrieben, die folgenden Ausführungen sind aber grundsätzlich unabhängig von dieser Konkretisierung. In jedem Falle gilt nämlich, daß sich der unbedingte Erwartungswert $E(\tilde{z}_2^{(K)2})$ aus Sicht des Zeitpunktes $t = 0$ auch als Erwartungswert über die auf $\tilde{s}$ bedingten Erwartungswerte von $\tilde{z}_2^{(K)2}$ aus Sicht des Zeitpunktes $t = 1$ darstellen läßt:

$$E(\tilde{z}_2^{(K)2}) = \int_s E(\tilde{z}_2^{(K)2}|s) \cdot f(s) \, ds. \tag{108}$$

Zur Minimierung von $E(\tilde{z}_2^{(K)2})$ ist es daher grundsätzlich für jeden beliebigen vorgegebenen Wert x_0 erforderlich, alle möglichen bedingten Erwartungswerte $E(\tilde{z}_2^{(K)2}|s)$ aus Sicht des Zeitpunktes $t = 1$ durch geeignete zustandsabhängige Festlegung des Devisenterminverkaufs $x_1(s)$ per Termin $t = 2$ zu minimieren, da so das zugehörige Integral minimal wird.

3) Für die bedingten Erwartungswerte $E(\tilde{z}_2^{(K)2}|s)$ gilt in Analogie zu (107)

$$E(\tilde{z}_2^{(K)2}|s) = Var(\tilde{z}_2^{(K)}|s) + E^2(\tilde{z}_2^{(K)}|s). \tag{109}$$

Da aufgrund der getroffenen Annahmen die quadrierten bedingten Erwartungswerte $E^2(\tilde{z}_2^{(K)}|s)$ durch den Unternehmer ebenso wie schon der unbedingte quadrierte Erwartungswert $E^2(\tilde{z}_2^{(K)})$ nicht beeinflußt werden können, gelangt man letzten Endes zum Ergebnis, daß die Minimierung der unbedingten Varianz $Var(\tilde{z}_2^{(K)})$ aus Sicht des Zeitpunktes $t = 0$ für jedes beliebige vorgegebene x_0 die Minimierung der bedingten Varianzen $Var(\tilde{z}_2^{(K)}|s)$, also eine Problemlösung im Wege der Rückwärtsinduktion, erfordert.

Als Alternative zur gerade vorgestellten Herleitung soll noch die folgende, deutlich kürzere Argumentation präsentiert werden: In der Tat muß man lediglich wissen, daß die unbedingte Varianz einer Zufallsvariablen der Summe aus dem Erwartungswert über die bedingten Varianzen und der Varianz der bedingten Erwartungswerte entspricht.[24]

$$\text{Var}(\tilde{z}_2^{(K)}) = E[\text{Var}(\tilde{z}_2^{(K)})|\tilde{s}] + \text{Var}[E(\tilde{z}_2^{(K)})|\tilde{s}]. \tag{110}$$

Kann das Entscheidungssubjekt (z.B. infolge der jederzeitigen Gültigkeit der Terminkurstheorie der Wechselkurserwartung) durch seine Handlungen in keinem Zeitpunkt und Zustand die (bedingten) Erwartungswerte $E(\tilde{z}_2^{(K)}|s)$ beeinflussen, dann entspricht die Minimierung des Erwartungswertes der bedingten Varianzen der Minimierung der unbedingten Varianz. Eine im Wege der Rückwärtsinduktion im Rahmen eines Zwei-Perioden-Problems hergeleitete "varianzminimierende" Kurssicherungsstrategie ist aber von ihrer Konstruktion her gerade so beschaffen, daß sie alle bedingten Varianzen aus Sicht des Zeitpunktes $t = 1$ und damit natürlich auch deren Erwartungswert aus Sicht des Zeitpunktes $t = 0$ minimiert. Formel (110) zeigt hierbei auch deutlich, warum Rückwärtsinduktion bei beeinflußbaren bedingten Erwartungswerten $E(\tilde{z}_2^{(K)}|s)$ nicht zwingend zur aus Sicht des Zeitpunktes $t = 0$ varianzminimalen Strategie führen muß. Dann nämlich ist die Minimierung des Erwartungswertes der bedingten Varianzen nicht mehr ohne weiteres äquivalent zur Minimierung der unbedingten Varianz.

Aufgabe 5:
Infolge der getroffenen Annahme des varianzminimierenden Verhaltens in jedem Betrachtungszeitpunkt kann die optimale Kurssicherungsstrategie im Wege der Rückwärtsinduktion ermittelt werden. Mit x_0 sei dabei der von der Unternehmerin in $t = 0$ für Fälligkeit in $t = 2$ getätigte Devisenterminverkauf bezeichnet. Im Zeitpunkt $t = \nu$ erfolgt der Eingang der Fremdwährungszahlung e. Da die Unternehmerin diesen Betrag bis zum Zeitpunkt $t = 2$ zu einem Gesamtzinssatz $r_A \cdot (2-\nu)$ im Ausland anlegt, erfordert varianzminimierendes Verhalten aus Sicht

---

[24] Vgl. z.B. *Rohatgi* (1976), S. 170 f.

des Zeitpunktes t = ν einen Devisenterminverkauf in einer Gesamthöhe von e·[1+r_A·(2-ν)] mit Fälligkeit in t = 2, so daß also Devisen im Umfang von e·[1+r_A·(2-ν)]-x_0 per Termin t = 2 zusätzlich zu x_0 zu verkaufen sind. Aus Sicht des Zeitpunktes t = 0 ergeben sich damit unter Voraussetzung eines beliebigen Wertes für x_0 bis zum Zeitpunkt t = 2 für die Unternehmerin insgesamt DM-Einzahlungen von

$$\begin{aligned}\tilde{z}_2^{(K)} &= e\cdot[1+r_A\cdot(2-\tilde{v})]\cdot\tilde{w}_2 + x_0\cdot(w_{0,2}^{(f)}-\tilde{w}_2) \\ &\quad + \{e\cdot[1+r_A\cdot(2-\tilde{v})]-x_0\}\cdot(\tilde{w}_{\tilde{v},2}^{(f)}-\tilde{w}_2) \\ &= e\cdot[1+r_A\cdot(2-\tilde{v})]\cdot\tilde{w}_{\tilde{v},2}^{(f)} + x_0\cdot(w_{0,2}^{(f)}-\tilde{w}_{\tilde{v},2}^{(f)}).\end{aligned} \qquad (111)$$

Die Struktur von $z_2^{(K)}$ entspricht der für ein normales Zwei-Zeitpunkte-Problem, nur daß der künftige unsichere Kassakurs $\tilde{w}_2$ durch den künftigen ungewissen Terminkurs des ebenfalls ungewissen Zeitpunktes $\tilde{v}$ mit Fälligkeit in t = 2 ersetzt wurde. Entsprechendes ist bereits aus der Erörterung der zweistufigen Terminsicherung auf S. 247 ff. des Lehrbuchs bekannt[25] und gilt generell bei zweistufiger Terminsicherung, wenn auf der zweiten Stufe ein Perfect Hedge möglich ist. Varianzminimierung aus Sicht des Zeitpunktes t = 0 führt deswegen in Analogie zur Gleichung (85) dieses Übungsbuches zu

$$x^{(H)} = e\cdot\left[1+2\cdot r_A - r_A\cdot\frac{\text{Cov}(\tilde{v}\cdot\tilde{w}_{\tilde{v},2}^{(f)},\tilde{w}_{\tilde{v},2}^{(f)})}{\text{Var}(\tilde{w}_{\tilde{v},2}^{(f)})}\right]. \qquad (112)$$

---

[25] Vgl. dort insbesondere die Formeln (151) und (152) auf S. 251.

Setzt man schließlich auch noch stochastische Unabhängigkeit von $\tilde{v}$ und den künftigen Terminkursen voraus, dann läßt sich (112) weiter zu (86) vereinfachen. Wie bei der Erörterung der zweistufigen Terminsicherung im Rahmen des Lehrbuchs spielt unter dieser Prämisse die künftige Anpassungsmöglichkeit bezüglich der Terminposition für das varianzminimierende Verhalten des Zeitpunktes $t = 0$ dann keine Rolle.

4 Kurzfristig revolvierendes Hedging

Übungsaufgaben

Aufgabe 1:
Betrachtet werde eine deutsche Unternehmerin über drei Zeitpunkte hinweg, die in t = 2 mit einer Einzahlung von 2.000 US-$ rechnet. Ihr Kalkulationszinsfuß sei r = 0 %. In jedem Zeitpunkt t = 0, 1 gelte die Terminkurstheorie der Wechselkurserwartung. Konkret halte die Unternehmerin in t = 1 vier Umweltzustände für gleich wahrscheinlich. Die möglichen künftigen Kassakurse $\tilde{w}_1$ sollen sich aus der zweiten Zeile von *Tabelle 22* ergeben. Zur Absicherung ihrer künftigen Fremdwährungseinzahlung hat die Unternehmerin nur die Möglichkeit, in t = 0 und t = 1 jeweils einperiodige Devisenfuturesgeschäfte abzuschließen. Die Wahrscheinlichkeitsverteilung des in t = 1 maßgeblichen künftigen Futureskurses $\tilde{w}_{1,2}^{(f)}$ kann in der dritten Zeile von *Tabelle 22* abgelesen werden. Ermitteln Sie die Devisenterminverkäufe in t = 0 und t = 1, die zur Minimierung der Varianz der gesamten (zinslos kumulierten) Einzahlungen in Inlandswährung bis zum Zeitpunkt t = 2 aus Sicht des Zeitpunktes t = 0 führen!

	$s^{(1)}$	$s^{(2)}$	$s^{(3)}$	$s^{(4)}$
$\tilde{w}_1$	0,6	0,8	1,2	1,4
$\tilde{w}_{1,2}^{(f)}$	0,8	0,9	1,1	1,2

Tabelle 22: Realisationen von $\tilde{w}_1$ und $\tilde{w}_{1,2}^{(f)}$ in Abhängigkeit vom eintretenden Umweltzustand $s^{(n)}$ (n = 1, 2, 3, 4)

Aufgabe 2:
Betrachtet werde eine deutsche Unternehmerin über drei Zeitpunkte hinweg, die ihre Entscheidungen in jedem Zeitpunkt t = 0, 1 an Erwartungswert μ und Varianz σ^2 ihrer (zinslos) kumulierten DM-Einzahlungen bis zum Zeitpunkt t = 2

orientiere. Konkret laute die Zielfunktion der Unternehmerin $\mu - 0{,}5 \cdot \alpha \cdot \sigma^2$ mit $\alpha =$ 0,005/DM. In t = 1 gebe es zwei (gleich wahrscheinliche) mögliche Umweltzustände. Im ersten Zustand gelte $w_1 = w_{1,2}^{(f)} = 1{,}1$ DM/US-$, im zweiten Zustand gelte $w_1 = w_{1,2}^{(f)} = 1$ DM/US-$. Unabhängig von den beiden in t = 1 möglichen Umweltzuständen gebe es auch zwei gleich wahrscheinliche Umweltzustände im Zeitpunkt t = 2. Die zugehörigen Realisationen des künftigen Kassakurses $\tilde{w}_2$ in Abhängigkeit vom eintretenden Umweltzustand in t = 2 sind $w_2 = 0{,}8$ DM/US-$ und $w_2 = 1{,}2$ DM/US-$. Die Unternehmerin rechnet in t = 2 mit einer sicheren Einzahlung von 1.000 US-$ und verfügt über die Möglichkeit, in t = 0 und t = 1 jeweils einperiodige Devisenforwardgeschäfte abzuschließen.

1) Ermitteln Sie den aus Sicht der Unternehmerin in t = 1 präferenzmaximierenden Devisenterminverkauf mit Fälligkeit in t = 2 in Abhängigkeit vom in t = 1 eingetretenen Umweltzustand!

2) Wie viele Fremdwährungseinheiten wird die Unternehmerin in t = 0 unter Beachtung ihrer gemäß 1) bestimmten Termingeschäftsaktivitäten des Zeitpunktes t = 1 in t = 0 per Termin t = 1 verkaufen, wenn $w_{0,1}^{(f)} = 1{,}02$ DM/US-$ gilt?

Aufgabe 3:
Betrachtet werde eine deutsche Unternehmerin, die in den Zeitpunkten t = 1, 2, ..., T mit sicheren Fremdwährungseinzahlungen aus ihrer Exporttätigkeit in Höhe von jeweils $1000 \cdot 1{,}2^{t-1}$ US-$ rechnet. Ihr Kalkulationszinsfuß r sei 0 %. Zur Absicherung sollen der Unternehmerin in den einzelnen Zeitpunkten t = 0, 1, ..., T-1 jeweils nur einperiodige Devisenforwardgeschäfte zur Verfügung stehen. Die Unternehmerin geht davon aus, daß in jedem Zeitpunkt und Zustand die Terminkurstheorie der Wechselkurserwartung Gültigkeit besitzt. Ferner unterstellt sie, daß der künftige Kassakurs $\tilde{w}_t$ eines beliebigen Zeitpunktes t = 1, ..., T-1 aus Sicht des unmittelbar vorhergehenden Zeitpunktes t-1 stochastisch unabhängig von den ab t jeweils auftretenden künftigen einperiodigen Terminkursen $\tilde{w}_{t,t+1}^{(f)}$ ist. Ermitteln Sie auf dieser Grundlage die aus Sicht des Zeitpunktes t = 0 varianzminimierende Abfolge von einperiodigen Devisenterminverkäufen in

den Zeitpunkten t = 0 bis t = T-1! Wie kann die resultierende optimale Verhaltensweise gedeutet werden, und wie plausibel erscheinen Ihnen die zugrundeliegenden Annahmen bezüglich der stochastischen Zusammenhänge künftiger Wechselkurse?

Lösungen

Aufgabe 1:

Aufgrund der jederzeitigen Gültigkeit der Terminkurstheorie der Wechselkurserwartung läßt sich hierbei die aus Sicht des Zeitpunktes t = 0 varianzminimierende Kurssicherungsstrategie unmittelbar im Wege der Rückwärtsinduktion herleiten. Wie auf S. 271 des Lehrbuchs dargelegt, ist dabei aus Sicht des Zeitpunktes t = 1 in jedem Fall ein Perfect Hedge durch den Terminverkauf von $x_1^{(H)}$ = 2.000 US-\$ möglich. Unter Beachtung dieses Kurssicherungsverhaltens zum Zeitpunkt t = 1 resultieren in Abhängigkeit vom Ausmaß x_0 des unternehmerischen Devisenterminverkaufs zum Zeitpunkt t = 0 per Termin t = 1 die folgenden gesamten kumulierten DM-Einzahlungen:[26]

$$\tilde{z}_2^{(K)} = 2.000 \cdot \tilde{w}_{1,2}^{(f)} + x_0 \cdot (w_{0,1}^{(f)} - \tilde{w}_1). \tag{113}$$

Die varianzminimierende Lösung für x_0 ist auf S. 272 des Lehrbuchs in Formel (169) angegeben. In der Tat ist für das hier konkrete gegebene Kurssicherungsproblem die Lösung auch ohne die Berechnung von Varianzen und Kovarianzen möglich. Aus *Tabelle 22* erkennt man nämlich unmittelbar, daß ein eindeutiger linearer Zusammenhang zwischen dem künftigen Terminkurs $\tilde{w}_{1,2}^{(f)}$ und dem künftigen Kassakurs $\tilde{w}_1$ besteht:

$$\tilde{w}_{1,2}^{(f)} = 0,5 + 0,5 \cdot \tilde{w}_1. \tag{114}$$

Dies impliziert zum einen, daß aus Sicht des Zeitpunktes t = 0 ein Perfect Hedge gelingt, und zum anderen, daß der für das Ausmaß des Terminengagements relevante Regressionskoeffizient $\text{Cov}(\tilde{w}_{1,2}^{(f)}, \tilde{w}_1)/\text{Var}(\tilde{w}_1)$ sich gerade auf 0,5 US-\$ beläuft. Damit erhält man sofort $x_0^{(H)}$ = 1.000 US-\$. Unter Beachtung von (114) und der Lösung für $x_0^{(H)}$ gelangt man durch Einsetzen in (113) zu aus Sicht

---

[26] Wie und wann die beiden einperiodigen Futuresgeschäfte abgerechnet und ob jeweils Initial Margins bei Abschluß verlangt werden, spielt hier übrigens wegen der Annahme zinsloser Kumulation aller DM-Zahlungskonsequenzen keine Rolle.

von t = 0 sicheren DM-Einzahlungen bis zum Zeitpunkt t = 2 in Höhe von

$$\tilde{z}_2^{(K)} = 2.000 \cdot (0,5+0,5 \cdot \tilde{w}_1) + 1.000 \cdot (w_{0,1}^{(f)} - \tilde{w}_1)$$

$$= 1.000 + 1.000 \cdot w_{0,1}^{(f)} \qquad (115)$$

$$= 2.000 \text{ DM},$$

da aus der Gültigkeit der Terminkurstheorie $w_{0,1}^{(f)} = E(\tilde{w}_1) = 1$ DM/US-$ folgt.

Aufgabe 2:

1) Die (zinslos) kumulierten DM-Einzahlungen bis zum Zeitpunkt t = 2 belaufen sich aus Sicht des Zeitpunktes t = 0 auf:

$$\tilde{z}_2^{(K)} = e_2 \cdot \tilde{w}_2 + x_0 \cdot (w_{0,1}^{(f)} - \tilde{w}_1) + \tilde{x}_1 \cdot (\tilde{w}_{1,2}^{(f)} - \tilde{w}_2), \qquad (116)$$

wobei x_0 den Devisenterminverkauf des Zeitpunktes t = 0 mit Fälligkeit in t = 1 und $\tilde{x}_1$ den (aus Sicht von t = 0) ungewissen unternehmerischen Devisenterminverkauf des Zeitpunktes t = 1 per Termin t = 2 bezeichnet. Zum Zeitpunkt t = 1 ist der Erfolgsbeitrag aus dem ersten Devisentermingeschäft bereits realisiert und wirkt hier damit aus Sicht von t = 1 wie eine exogene sichere Einkommenskomponente Δ. Schon in Aufgabe 1 aus Abschnitt 4 des Kapitels II. wurde die Irrelevanz derartiger Größen für Präferenzfunktionen der hier betrachteten Art nachgewiesen. Überdies ist x_1 aus Sicht des Zeitpunktes t = 1 nun die einzige verbleibende (sichere) Entscheidungsvariable und ist auch der Terminkurs $w_{1,2}^{(f)}$ nunmehr sicher bekannt. Damit kann aus Sicht des Zeitpunktes t = 1 die Betrachtung auf den Ausdruck $e_2 \cdot \tilde{w}_2 + x_1 \cdot (w_{1,2}^{(f)} - \tilde{w}_2)$ beschränkt werden. Die Charakterisierung μ-σ-effizienter Verhaltensweisen für ein derartiges Problem entspricht der im Abschnitt 1.1.1 aus Kapitel IV. des Lehrbuchs auf S. 191 ff. vorgestellten, da lediglich statt eines Zwei-Zeitpunkte-Problems von t = 0 bis t = 1 nun ein Zwei-Zeitpunkte-Problem von t = 1 bis t = 2 betrachtet wird. Auf diesen Umstand wurde bereits im Rahmen der Lösung zur Aufgabe 2 des vorhergehenden Abschnitts 3 eingegangen. Die dort angegebene Formel (102) kann daher unmittelbar auf das hier zu betrachtende Kurssicherungsproblem übertragen werden:

$$x_1^*(\tilde{w}_{1,2}^{(f)}) = e_2 + \frac{\tilde{w}_{1,2}^{(f)} - E(\tilde{w}_2 | \tilde{w}_{1,2}^{(f)})}{\alpha \cdot Var(\tilde{w}_2 | \tilde{w}_{1,2}^{(f)})}. \tag{117}$$

Da der in t = 1 herrschende Ein-Perioden-Terminkurs zwei verschiedene Werte annehmen kann, sind auch grundsätzlich zwei verschiedene optimale Terminengagements je nach eintretendem Umweltzustand zu unterscheiden. Im ersten Zustand gilt $w_{1,2}^{(f)} = 1{,}1$ DM/US-\$. Ferner erhält man aufgrund der getroffenen Annahme stochastischer Unabhängigkeit von $\tilde{w}_{1,2}^{(f)}$ und $\tilde{w}_2$ zustandsunabhängig:

$$\begin{aligned} E(\tilde{w}_2 | \tilde{w}_{1,2}^{(f)}) &= E(\tilde{w}_2) = 0{,}5 \cdot (0{,}8 + 1{,}2) = 1 \, \frac{DM}{US-\$}, \\ Var(\tilde{w}_2 | \tilde{w}_{1,2}^{(f)}) &= Var(\tilde{w}_2) = 0{,}5 \cdot (0{,}64 + 1{,}44) - 1 = 0{,}04 \, \frac{DM^2}{US-\$^2}. \end{aligned} \tag{118}$$

Damit kann man durch Einsetzen in (117) einen optimalen unternehmerischen Terminverkauf aus Sicht des Zeitpunktes t = 1 für den Fall $w_{1,2}^{(f)} = 1{,}1$ DM/US-\$ in Höhe von 1.500 US-\$ ermitteln.

Im zweiten möglichen Umweltzustand gilt $w_{1,2}^{(f)} = 1$ DM/US-\$ und damit die Terminkurstheorie der Wechselkurserwartung, so daß unmittelbar auf die Optimalität eines Perfect Hedge, also den Devisenterminverkauf von 1.000 US-\$ in t = 1 mit Fälligkeit in t = 2 geschlossen werden kann.

2) Aus Sicht des Zeitpunktes t = 0 belaufen sich die kumulierten DM-Gesamteinzahlungen des Zeitpunktes t = 2 bei Optimalverhalten in t = 1 in Abhängigkeit vom in t = 1 herrschenden Terminkurs auf einer der beiden folgenden Werte:

$$w_{1,2}^{(f)} = 1{,}1 \ \frac{DM}{US-\$}: \ 1.000 \cdot \tilde{w}_2 + x_0 \cdot (1{,}02-1{,}1) + 1.500 \cdot (1{,}1-\tilde{w}_2),$$

$$w_{1,2}^{(f)} = 1 \ \frac{DM}{US-\$}: \ 1.000 \cdot \tilde{w}_2 + x_0 \cdot (1{,}02-1) + 1.000 \cdot (1-\tilde{w}_2).$$
(119)

Mittels (119) können nun Erwartungswert μ und Varianz σ^2 der kumulierten DM-Gesamteinzahlungen zum Zeitpunkt t = 2 bei Optimalverhalten im Zeitpunkt t = 1 in Abhängigkeit vom Devisenterminverkauf x_0 des Zeitpunktes t = 1 dargestellt werden:

$$\mu = \frac{1}{4} \cdot [1.000 \cdot 0{,}8 + x_0 \cdot (-0{,}08) + 1.500 \cdot 0{,}3$$

$$+ 1.000 \cdot 0{,}8 + x_0 \cdot 0{,}02 + 1.000 \cdot 0{,}2$$

$$+ 1.000 \cdot 1{,}2 + x_0 \cdot (-0{,}08) + 1.500 \cdot (-0{,}1)$$

$$+ 1.000 \cdot 1{,}2 + x_0 \cdot 0{,}02 + 1000 \cdot (-0{,}2)]$$

$$= 1.075 - 0{,}03 \cdot x_0,$$
(120)

$$\sigma^2 = \frac{1}{4} \cdot [(1.250 - 0{,}08 \cdot x_0)^2 + (1.000 + 0{,}02 \cdot x_0)^2$$

$$+ (1.050 - 0{,}08 \cdot x_0)^2 + (1.000 + 0{,}02 \cdot x_0)^2]$$

$$- (1.075 - 0{,}03 \cdot x_0)^2$$

$$= 10.625 - 7{,}5 \, x_0 + 0{,}0025 \, x_0^2.$$

Auf der Grundlage von (120) lautet die zum Zeitpunkt t = 0 zu maximierende Zielfunktion der Unternehmerin

$$\Phi(\mu,\sigma^2) = \mu - 0{,}5 \cdot \alpha \cdot \sigma^2$$
$$= 1.075 - 0{,}03 \cdot x_0 - 0{,}5 \cdot 0{,}005 \cdot (10.625 - 7{,}5 \cdot x_0 + 0{,}0025 \cdot x_0^2). \tag{121}$$

Ableiten von (121) nach x_0 führt zur folgenden präferenzmaximierenden Lösung:

$$\frac{\partial \Phi}{\partial x_0} = -0{,}03 - 0{,}5 \cdot 0{,}005 \cdot (-7{,}5 + 0{,}005 \cdot x_0) = 0$$

$$\Leftrightarrow 0{,}0000125 \cdot x_0 = -0{,}01125 \tag{122}$$

$$\Leftrightarrow x_0^* = -900 \text{ US-\$}.$$

Die insgesamt optimale Verhaltensweise der Unternehmerin ist also dadurch gekennzeichnet, daß in t = 0 zunächst 900 US-$ per Termin t = 1 gekauft werden. Für einen Terminkurs $w_{1,2}^{(f)} = 1{,}1$ DM/US-$ werden in t = 1 sodann 1.500 US-$ per Termin t = 2 verkauft, während für $w_{1,2}^{(f)} = 1$ DM/US-$ nur 1.000 US-$ per Termin t = 2 verkauft werden.

Zusammenfassend ist die Aufgabe als Anwendungsbeispiel für die Ermittlung μ-σ-effizienter Kurssicherungsstrategien im Wege der Rückwärtsinduktion anzusehen. Die konkreten Berechnungen sind dabei stets recht einfach, da man in jedem Zeitpunkt zu in der jeweiligen Entscheidungsvariablen quadratischen Zielfunktionen gelangt, deren Ableitung auf die Notwendigkeit zur Lösung einer linearen Gleichung führt. Die Problematik der zugrundeliegenden Zielfunktion wurde insbesondere bereits in Aufgabe 2 des vorhergehenden Abschnitts 3 angesprochen.

Aufgabe 3:
Aufgrund der getroffenen Annahme zur stochastischen Unabhängigkeit von Kassa- und Terminkursen verfügt die varianzminimierende Kurssicherungsstrategie gemäß der Darstellung auf S. 285 f. und S. 294 ff. des Lehrbuchs über eine sehr einfache Struktur. Die Unternehmerin kann jeden einzelnen Devisenterminver-

kauf eines Zeitpunktes t so bestimmen, als ob ihr Zeithorizont im Zeitpunkt t+1 endete. In jedem Zeitpunkt t sind demnach lediglich Devisen in einem solchen Umfang zu verkaufen, wie zum unmittelbar darauffolgenden Zeitpunkt t+1 sicher erwartet werden. Konkret bedeutet dies hier:

$$x_t^{(H)} = 1.000 \cdot 1{,}2^t, \tag{123}$$

mit t = 0, ..., T-1.

Natürlich ist die zugrundeliegende Annahme zum (fehlenden) Zusammenhang von künftigen Kassa- und Terminkursen sehr unrealistisch, wie schon auf S. 286 des Lehrbuchs mit Verweis auf die Zinsparitätentheorie ausgeführt wurde. Der Wert der zugehörigen Herleitungen im Lehrbuch ist daher vor allem darin zu sehen, daß Bedingungen genannt wurden, unter denen sich im Mehr-Perioden-Kontext ein Verhalten wie bei einer Abfolge von (isolierten) einperiodigen Kurssicherungsproblemen als optimal erweist. Gerade weil diese Bedingungen in aller Regel nicht erfüllt sein werden, kann das Mehr-Perioden-Problem typischerweise nicht in eine Abfolge isolierter Ein-Perioden-Probleme zerlegt werden.

Die Lösung für den allgemeinen Fall ist in Formel (185) auf S. 283 angegeben. Wenngleich deren Anwendung grundsätzlich möglich ist, erweist es sich jedoch allein schon aus Datenbeschaffungsgründen als sehr wünschenswert, konkretisierende Annahmen zum Zusammenhang zwischen den auftretenden künftigen Wechselkursen der verschiedenen Zeitpunkte zu formulieren. Gleichzeitig mag man hoffen, auf diese Weise zu einfacheren Handlungsempfehlungen für Unternehmen zu gelangen. Diese Problematik kann hier aber nicht weiter vertieft werden.[27]

---

[27] Störend im Zusammenhang mit der Formel (185) aus dem Lehrbuch ist insbesondere ihr rekursiver Charakter. Das heißt, daß der optimale Devisenterminverkauf eines Zeitpunktes t erst nach Ermittlung des (zustandsabhängigen) Optimalverhaltens aller Folgezeitpunkte bestimmt werden kann. Trifft man statt der dieser Übungsaufgabe zugrundeliegenden engen Prämissen die (sicherlich ebenfalls problematische) allgemeinere Annahme der Zustandsun-

5 Hedging, Spekulation und Produktion

Übungsaufgaben

Aufgabe 1:
Gegeben seien die Daten aus Beispiel 25 von S. 304 des Lehrbuchs. Das heißt, es wird ein deutscher Unternehmer betrachtet, der in t = 0 zu (zahlungsgleichen) Kosten $K(\tau) = 3 \cdot \tau^2$ in DM ein Gut herstellen und zu einem Preis p = 60 US-\$ in t = 1 in den USA verkaufen kann. Der Wechselkurs zwischen DM und US-\$ sei ungewiß mit $E(\tilde{w}_1) = 1$ DM/US-\$ und $Var(\tilde{w}_1) = 0{,}2$ DM^2/US-\$^{2}. Der unternehmerische Risikoaversionsparameter α belaufe sich auf 0,02/DM und der Kalkulationszinsfuß auf 0 %. Des weiteren habe der Unternehmer Zugang zu einem Devisenterminmarkt, auf dem in t = 0 Devisen per Termin t = 1 zu $w_{0,1}^{(f)}$ verkauft werden können.

Stellen Sie das optimale Produktionsvolumen und das optimale Ausmaß des unternehmerischen Devisenterminverkaufs in allgemeiner Form in Abhängigkeit von $E(\tilde{w}_1)$ für gegebenen Terminkurs $w_{0,1}^{(f)} = 1$ DM/US-\$ bzw. in Abhängigkeit von $w_{0,1}^{(f)}$ für gegebenen erwarteten künftigen Kassakurs $E(\tilde{w}_1) = 1$ DM/US-\$ dar! Ermitteln Sie ferner jeweils den kritischen Wert für $E(\tilde{w}_1)$ bzw. für $w_{0,1}^{(f)}$, so daß $x^* = 0$ US-\$ resultiert! Welches optimale Produktionsvolumen folgt jeweils für $x^* = 0$ US-\$?

---

abhängigkeit aller relevanten zukünftigen Varianzen und Kovarianzen zwischen den einzelnen Wechselkursen, dann ist es immerhin möglich, geschlossene, nicht-rekursive Lösungsformeln für die optimalen Terminengagements der einzelnen Zeitpunkte zu ermitteln. Nun handelt es sich bei den künftig optimalen Terminengagements nämlich nicht mehr um Zufallsvariablen, so daß man lediglich ein lineares Gleichungssystem mit T Variablen aufzulösen hat. Auch die hierdurch resultierende Formel erweist sich aber zumindest noch in ihrem Aufbau als überaus komplex, weswegen auf ihre Wiedergabe hier verzichtet werden soll. Um zu geschlossenen Lösungen zu gelangen, die überdies auch noch "handlich" sind, bedarf es weitergehender Einschränkungen in den Annahmen. Exemplarisch sei in diesem Zusammenhang noch der recht bekannte Ansatz von *Howard/D'Antonio* (1991) genannt.

Aufgabe 2: (15 min)

Gegeben sei eine Unternehmerin mit einer Präferenzfunktion $\Phi(\mu,\sigma^2) = \mu - 0{,}5\cdot\alpha\cdot\sigma^2$ ($\alpha > 0$), wobei μ für den Erwartungswert und σ^2 für die Varianz der gesamten zinslos kumulierten DM-Einzahlungen der Unternehmerin bis $t = 1$ stehen. Die Unternehmerin könne in $t = 0$ τ Gütereinheiten gegen Aufwendung zahlungsgleicher, auf DM lautender Kosten $K(\tau) = k\cdot\tau^2$ ($k > 0$) erstellen. Diese Güter werden in $t = 1$ auf dem US-amerikanischen Markt zu einem in $t = 0$ bereits bekannten US-\$-Preis von p pro Mengeneinheit verkauft. Die Unternehmerin habe des weiteren die Möglichkeit, in $t = 0$ US-\$ per Termin $t = 1$ zu einem Terminwechselkurs $w_{0,1}^{(f)}$ (Einheit: DM/US-\$) gegen DM zu verkaufen. Ermitteln Sie die optimale unternehmerische Produktionsentscheidung τ^* sowie den optimalen Devisenterminverkauf x^*!

Aufgabe 3: (15 min)

Im Gegensatz zu Aufgabe 2 sei nun angenommen, daß die Unternehmerin ihre Produktionsentscheidung erst im Zeitpunkt $t = 1$, also nach Realisation des Kassakurses $\tilde{w}_1$, fixieren kann und auch zu diesem Zeitpunkt erst die (weiterhin zahlungsgleichen) Kosten anfallen. Der Devisenterminverkauf erfolgt nach wie vor in $t = 0$ per Termin $t = 1$.

1) Wie lautet nun die optimale unternehmerische Produktionsentscheidung? (Eine Herleitung des konkreten optimalen Devisenterminverkaufs ist nicht erforderlich!)

2) Angenommen, es gilt in $t = 0$ die Terminkurstheorie der Wechselkurserwartung. Wieso wird die Unternehmerin dann für hinreichend hohes α im Rahmen des Szenarios aus dieser Aufgabe ein geringeres Präferenzniveau aus Sicht des Zeitpunktes $t = 0$ realisieren als im Rahmen des Szenarios aus Aufgabe 2 (auch hier mit gegebener Terminkurstheorie der Wechselkurserwartung)? Inwiefern ist dieses Ergebnis überraschend, und was ist seine Ursache? (In diesem Aufgabenteil 2) genügt eine rein verbale Diskussion!)

Aufgabe 4:
Betrachtet werde eine deutsche Unternehmerin im Rahmen eines Zwei-Zeitpunkte-Modells. In t = 0 legt die Unternehmerin fest, welche Menge τ eines Gutes produziert und auf dem US-amerikanischen Markt in t = 1 verkauft werden soll. Die zahlungsgleichen Kosten der Produktion in DM belaufen sich in Abhängigkeit von der Produktionsmenge auf K(τ). Der Absatzpreis in US-\$ des Zeitpunktes t = 1 sei ungewiß und mit $\tilde{p}$ bezeichnet. Die Zufallsvariablen $\tilde{p}$ und $\tilde{w}_1$ seien stochastisch unabhängig. Zielgröße der Unternehmerin sind ihre bis zum Zeitpunkt t = 1 kumulierten Einzahlungen in Inlandswährung. Die Unternehmerin treffe ihre Entscheidungen nach dem μ-σ-Prinzip, und ihr Kalkulationszinsfuß sei r = 0 %.

1) Man kann zeigen, daß sich die Varianz Var($\tilde{p}\cdot\tilde{w}_1$) bei Unabhängigkeit von $\tilde{p}$ und $\tilde{w}_1$ berechnen läßt als Var($\tilde{p}$)·Var($\tilde{w}_1$)+$E^2(\tilde{p})$·Var($\tilde{w}_1$)+$E^2(\tilde{w}_1)$·Var($\tilde{p}$). Ermitteln und erläutern Sie unter Berücksichtigung dieses Zusammenhangs die Bestimmungsgleichung für das optimale Produktionsvolumen τ^* der Unternehmerin!

2) Angenommen, die Unternehmerin verfügt zusätzlich in t = 0 über die Möglichkeit zum Abschluß von Devisenforwardgeschäften mit Fälligkeit in t = 1. In welchem Umfang wird die Unternehmerin damit Devisen in t = 0 per Termin t = 1 verkaufen, und wie wird durch diese Möglichkeit zum Devisenterminverkauf die unternehmerische Produktionsentscheidung beeinflußt? Gilt hier noch das Separationstheorem?

Aufgabe 5:
Ermitteln Sie für das Szenario aus Übungsaufgabe 4 das optimale Produktionsvolumen der Unternehmerin mit und ohne Kurssicherungsmöglichkeit unter Zugrundelegung folgender Daten: K(τ) = $3\cdot\tau^2$, E($\tilde{p}$) = 60 US-\$, Var($\tilde{p}$) = 100 US-$\$^2$, α = 0,02/DM, $w_{0,1}^{(f)}$ = E($\tilde{w}_1$) = 1 DM/US-\$, Var($\tilde{w}_1$) = 0,2 DM^2/US-$\$^2$!

Lösungen

Aufgabe 1:

Zunächst sei der Fall eines unbestimmten erwarteten Kassakurses $E(\tilde{w}_1)$ für einen Terminkurs $w_{0,1}^{(f)} = 1$ DM/US-$ betrachtet. Die gesamten (zinslos) kumulierten DM-Einzahlungen bis zum Zeitpunkt $t = 1$ belaufen sich damit auf

$$\tilde{z}_1^{(K)} = 60 \cdot \tilde{w}_1 \cdot \tau - 3 \cdot \tau^2 + x \cdot (1 - \tilde{w}_1) \tag{124}$$

mit

$$\mu = 60 \cdot E(\tilde{w}_1) \cdot \tau - 3 \cdot \tau^2 + x \cdot [1 - E(\tilde{w}_1)],$$
$$\sigma^2 = (60 \cdot \tau - x)^2 \cdot Var(\tilde{w}_1) = 0{,}2 \cdot (60 \cdot \tau - x)^2. \tag{125}$$

Dies führt zu der folgenden unternehmerischen Zielfunktion:

$$\begin{aligned}
\Phi(\mu, \sigma^2) \\
= \mu - 0{,}5 \cdot \alpha \cdot \sigma^2 \\
= 60 \cdot E(\tilde{w}_1) \cdot \tau - 3 \cdot \tau^2 + x \cdot [1 - E(\tilde{w}_1)] - 0{,}5 \cdot 0{,}02 \cdot 0{,}2 \cdot (60 \cdot \tau - x)^2 \\
= 60 \cdot E(\tilde{w}_1) \cdot \tau - 3 \cdot \tau^2 + x \cdot [1 - E(\tilde{w}_1)] - 0{,}002 \cdot (60 \cdot \tau - x)^2 \underset{x, \tau}{\to} \max.!
\end{aligned} \tag{126}$$

Durch Bildung der partiellen Ableitungen nach x und τ gelangt man zu den folgenden notwendigen (und hinreichenden) Bedingungen für ein unternehmerisches Präferenzmaximum:

I. $\quad \dfrac{\partial \Phi}{\partial \tau} = 60 \cdot E(\tilde{w}_1) - 6 \cdot \tau - 0{,}004 \cdot (60 \cdot \tau - x) \cdot 60 = 0,$

II. $\quad \dfrac{\partial \Phi}{\partial x} = 1 - E(\tilde{w}_1) + 0{,}004 \cdot (60 \cdot \tau - x) = 0$ $\tag{127}$

$\Leftrightarrow 60 \cdot \tau - x = 250 \cdot [E(\tilde{w}_1) - 1].$

Einsetzen der letzten Bestimmungsgleichung aus II. in I. ergibt:

I. $60 \cdot E(\tilde{w}_1) - 6 \cdot \tau - 0{,}004 \cdot 250 \cdot [E(\tilde{w}_1) - 1] \cdot 60 = 0$

$\leftrightarrow 60 - 6 \cdot \tau = 0$ (128)

$\leftrightarrow \tau^* = 10.$

Damit wiederum erhält man aus II.:

II. $x^* = 850 - 250 \cdot E(\tilde{w}_1).$ (129)

Die konkrete Höhe des erwarteten Kassakurses ist demnach bedeutungslos für das Ausmaß der unternehmerischen Produktion. Lediglich der Umfang der Terminmarktspekulation wird durch den Erwartungswert des Kassakurses ceteris paribus beeinflußt. Dies ist ein grundsätzlicher Unterschied zwischen dem Einsatz von Devisenforwards geeigneter Fälligkeit und Währung und der Nutzung von Devisenfutures nicht exakt passender Fälligkeit. Im letzteren Fall führt eine Variation des hier relevanten erwarteten künftigen Terminkurses nicht nur zu einer Variation des Spekulationsausmaßes, sondern auch zu einer Anpassung der unternehmerischen Produktion.

Ein Verzicht auf jegliches Terminengagement, also $x^* = 0$, wird für das hier betrachtete Szenario erst im Falle von $E(\tilde{w}_1) = 3{,}4$ DM/US-$ zu beobachten sein. Natürlich beträgt aber auch für diesen Erwartungswert des künftigen Kassakurses die optimale Produktionsmenge 10 ME.

Betrachtet man statt des Falls mit allgemeinem Kassakurs-Erwartungswert $E(\tilde{w}_1)$ den analogen Sachverhalt mit allgemeinem Terminkurs $w_{0,1}^{(f)}$ (unter Zugrundelegung von $E(\tilde{w}_1) = 1$ DM/US-$), so ist im Rahmen von (125) lediglich eine Modifikation der Bestimmungsgleichung für μ vorzunehmen:

$\mu = 60 \cdot \tau - 3 \cdot \tau^2 + x \cdot (w_{0,1}^{(f)} - 1).$ (130)

Die relevanten partiellen Ableitungen der Präferenzfunktion ändern sich auf dieser Grundlage wie folgt:

I. $\quad \dfrac{\partial \Phi}{\partial \tau} = 60 - 6 \cdot \tau - 0{,}004 \cdot (60 \cdot \tau - x) \cdot 60 = 0,$

II. $\quad \dfrac{\partial \Phi}{\partial x} = w_{0,1}^{(f)} - 1 + 0{,}004 \cdot (60 \cdot \tau - x) = 0$ \hfill (131)

$\leftrightarrow 60 \cdot \tau - x = 250 \cdot (1 - w_{0,1}^{(f)}).$

Einsetzen der letzten Bestimmungsgleichung aus II. in I. liefert:

I. $\quad 60 - 6 \cdot \tau + 60 \cdot (w_{0,1}^{(f)} - 1) = 0$

$\leftrightarrow 60 \cdot w_{0,1}^{(f)} = 6 \cdot \tau$ \hfill (132)

$\leftrightarrow \tau^* = 10 \cdot w_{0,1}^{(f)}.$

Damit wiederum erhält man aus II.:

II. $\quad x^* = 850 \cdot w_{0,1}^{(f)} - 250.$ \hfill (133)

Ähnlich wie beim Einsatz von Devisenfutures nicht genau passender Fälligkeit bewirkt eine Änderung des heute relevanten Terminkurses hier sowohl eine Anpassung des Terminengagements als auch der Produktion. Die Begründung für den Einfluß auf die Produktion ist jedoch eine andere. Im Zusammenhang mit Devisenfutures ist die Änderung der unternehmerischen Produktion eine Reaktion auf die durch Variationen von $w_{0,2}^{(f)}$ bedingte Anpassung der unternehmerischen Spekulation. Das heißt, das Entscheidungssubjekt reagiert beispielsweise auf einen durch Spekulationsanreize veranlaßten verstärkten Devisenterminkauf durch eine in gewisser Weise gegenläufig wirkende Reduktion der unternehmerischen Produktion. Im Zusammenhang mit dem Einsatz von Devisenforwards geeigneter Fälligkeit jedoch ist der gerade beschriebene Mechanismus wegen der vorherrschenden Separation von Produktion/Hedging einerseits und Spekulation andererseits nicht maßgeblich. Die Produktion wird bei fallendem Terminkurs $w_{0,1}^{(f)}$ einfach deswegen zurückgenommen, weil der Grenzerlös in DM aus der Gütererstellung ceteris paribus für den Fall vollständiger Absicherung sinkt. Gerade auf diesen Fall mit vollständiger Absicherung ist aber wegen des eben angesprochenen Separationstheorems abzustellen.

Ein Verzicht auf jegliches Terminengagement, also $x^* = 0$, wird für das hier betrachtete Szenario im Falle von $w_{0,1}^{(f)} = 5/17 \approx 0,2941$ DM/US-\$ zu beobachten sein. Für diesen Terminkurs erhält man nun $r^* = 50/17 \approx 2,941$ ME und damit gerade die gleiche Produktionsmenge wie im Falle bei fehlendem Zugang zu Devisenterminmärkten. Dies ist nicht sehr überraschend. Denn der Verzicht auf jegliches Terminengagement bedeutet, daß man die optimale Produktionsmenge auch unter der Restriktion $x^* = 0$ herleiten kann. Gerade dieser Fall beschreibt aber die Situation mit fehlendem Terminmarktzugang. Entsprechend erhält man $r^* = 10$ ME in einem Szenario ohne Terminmärkte, aber mit $E(\tilde{w}_1) = 3,4$ DM/US-\$. Insgesamt zeigt sich hier noch einmal sehr anschaulich die unterschiedliche Wirkung von Ceteris-paribus-Änderungen des für $t = 1$ erwarteten Kassakurses und des in $t = 0$ relevanten Terminkurses.

Aufgabe 2:
Das beschriebene Entscheidungsproblem wurde in allgemeinerer Form bereits im Lehrbuch auf S. 302 gelöst. Die spezielle Annahme zur unternehmerischen Kostenfunktion ermöglicht hier lediglich noch einige weitere Umformungen, die insbesondere zur expliziten Auflösung der Formel (194) des Lehrbuchs nach r^* führen:

I. $p \cdot w_{0,1}^{(f)} - (1+r) \cdot K'(\tau^*) = 0$

$\leftrightarrow p \cdot w_{0,1}^{(f)} - 2 \cdot k \cdot \tau^* = 0$

$\leftrightarrow \tau^* = \dfrac{p \cdot w_{0,1}^{(f)}}{2 \cdot k},$ \hfill (134)

II. $x^* = p \cdot \tau^* + \dfrac{w_{0,1}^{(f)} - E(\tilde{w}_1)}{\alpha \cdot Var(\tilde{w}_1)}$

$\leftrightarrow x^* = \dfrac{p^2 \cdot w_{0,1}^{(f)}}{2 \cdot k} + \dfrac{w_{0,1}^{(f)} - E(\tilde{w}_1)}{\alpha \cdot Var(\tilde{w}_1)}.$

Aufgabe 3:
1) Wenn die Unternehmerin die Produktionsmenge erst im Zeitpunkt t = 1 nach Realisation des Kassakurses $\tilde{w}_1$ fixiert, liegt insofern eine Entscheidung unter Sicherheit vor. Aus Sicht des Zeitpunktes t = 1 belaufen sich die gesamten DM-Einzahlungen der Unternehmerin für gegebenen Terminverkauf x des Zeitpunktes t = 0 bis zum Zeitpunkt t = 1 auf:

$$z_1^{(K)} = p \cdot \tau \cdot w_1 - k \cdot \tau^2 + x \cdot (w_{0,1}^{(f)} - w_1). \hfill (135)$$

Ableiten von (135) nach τ und anschließendes Nullsetzen liefert unmittelbar als optimales Produktionsvolumen

$$\tau^*(w_1) = \dfrac{p \cdot w_1}{2 \cdot k}, \hfill (136)$$

also aus Sicht des Zeitpunktes t = 0 wegen der Ungewißheit des künftigen Kassakurses $\tilde{w}_1$ eine Zufallsvariable.

2) Im Rahmen des Szenarios aus der vorhergehenden Aufgabe 2 wird die Unternehmerin bei Gültigkeit der Terminkurstheorie der Wechselkurserwartung einen Perfect Hedge $x^* = p \cdot \tau^*$ durchführen. Das heißt, aus Sicht des Zeitpunktes $t = 0$ gelangt sie zu einer sicheren DM-Einzahlung für $t = 1$. Im Rahmen des Szenarios aus der hier vorliegenden Aufgabe 3 ist dies nicht möglich, da die unternehmerische Produktionsmenge selbst zu einer Zufallsvariablen geworden ist und die gesamten Fremdwährungserlöse $p \cdot \tilde{\tau}^* \cdot \tilde{w}_1 = p \cdot \tilde{w}_1^2 / (2 \cdot k)$ keine lineare Funktion des Kassakurses $\tilde{w}_1$ mehr beschreiben. Es verbleibt also in diesem zweiten Szenario aus Sicht des Zeitpunktes $t = 0$ stets ein Restrisiko, so daß für hinreichend hohen Risikoaversionsparameter α im Rahmen von Aufgabe 2 ein höherer Präferenzwert als hier im ersten Teil der Aufgabe 3 resultiert. Dieses Ergebnis ist bemerkenswert, da die Unternehmerin im zweiten Szenario über differenziertere Handlungsmöglichkeiten als im ersten verfügt. Ähnlich wie in Aufgabe 2 des Abschnitts 3 dieses Kapitels ergibt sich demnach auch hier ein negativer Wert einer Option, nämlich der Möglichkeit, die Produktionsmenge auf den Kassakurs $\tilde{w}_1$ zu konditionieren. Ursächlich ist erneut das Phänomen mangelnder Zeitkonsistenz präferenzmaximierender Handlungsweisen auf der Grundlage einer Präferenzfunktion der Form $\Phi(\mu, \sigma^2) = \mu - 0{,}5 \cdot \alpha \cdot \sigma^2$ mit festem $\alpha > 0$. Man mag überrascht sein, daß hier Probleme trotz Gültigkeit der Terminkurstheorie der Wechselkurserwartung auftreten. Der Grund hierfür liegt darin, daß die Unternehmerin trotz Terminkurstheorie der Wechselkurserwartung durch ihre Produktionsentscheidung Einfluß auf den Erwartungswert ihrer künftigen DM-Einzahlungen nehmen kann, und dies ist ausreichend, um Zeitkonsistenzprobleme zu erzeugen.

Aufgabe 4:

1) Im Unterschied zur Darstellung im Lehrbuch liegt hier eine Situation mit ungewissem künftigen US-$-Absatzpreis vor. Die unternehmerischen Einzahlungen aus dem Grundgeschäft ohne Absicherung bestimmen sich demnach als:

$$\tilde{z}_1 = \tilde{p} \cdot \tilde{w}_1 \cdot \tau - K(\tau). \tag{137}$$

Als Erwartungswert und Varianz von $\tilde{z}_1$ erhält man

$$E(\tilde{z}_1) = E(\tilde{p}\cdot\tilde{w}_1)\cdot\tau - K(\tau), \qquad (138)$$

$$Var(\tilde{z}_1) = Var(\tilde{p}\cdot\tilde{w}_1)\cdot\tau^2.$$

Ableiten und Nullsetzen der Präferenzfunktion $E(\tilde{z}_1) - 0{,}5\cdot\alpha\cdot Var(\tilde{z}_1)$ führt zu der folgenden notwendigen und hinreichenden Bedingung für die optimale unternehmerische Produktionsmenge τ^*:

$$E(\tilde{p}\cdot\tilde{w}_1) - K'(\tau^*) - \alpha\cdot Var(\tilde{p}\cdot\tilde{w}_1)\cdot\tau^* = 0, \qquad (139)$$

das heißt, im Optimum entspricht der erwartete Grenzerlös $E(\tilde{p}\cdot\tilde{w}_1)$ gerade der Summe aus den Grenzkosten der Produktion $K'(\tau^*)$ und den Grenzrisikokosten $\alpha\cdot Var(\tilde{p}\cdot\tilde{w}_1)\cdot\tau^*$. Insofern liegt hier kein grundsätzlicher Unterschied zur Situation mit sicherem künftigen US-$-Preis vor. In der Tat hat (139) unabhängig vom Ausmaß der Korrelation zwischen $\tilde{p}$ und $\tilde{w}_1$ Gültigkeit. Sind die beiden Zufallsvariablen allerdings unabhängig, kann (139) in die folgende Form gebracht werden:

$$E(\tilde{p})\cdot E(\tilde{w}_1) \\ -K'(\tau^*) - \alpha\cdot\tau^*\cdot[Var(\tilde{p})\cdot Var(\tilde{w}_1) + E^2(\tilde{p})\cdot Var(\tilde{w}_1) + E^2(\tilde{w}_1)\cdot Var(\tilde{p})] = 0. \qquad (140)$$

Anhand von (140) sieht man deutlich, daß die Grenzrisikokosten im Falle eines ungewissen künftigen US-$-Absatzpreises $(Var(\tilde{p}) > 0)$ ceteris paribus größer als bei sicherem US-$-Absatzpreis $(Var(\tilde{p}) = 0)$ sind. Beim Übergang vom letzteren Fall zu ersterem muß daher die unternehmerische Produktionsmenge abnehmen, weil durch diese Reduktion von τ ein Sinken der Grenzkosten $K'(\tau)$ der Produktion und der Grenzrisikokosten derart möglich wird, daß sich per Saldo in (140) wieder ein Gesamtwert von Null, also die Erfüllung der Optimalitätsbedingung ergibt.

2) Im Falle der zusätzlichen Möglichkeit zum Terminverkauf von Devisen in t = 0 per Termin t = 1 beschreiben sich die gesamten DM-Einzahlungen der Un-

ternehmerin bis t = 1 unter Beachtung der Kurssicherungsmöglichkeit als

$$\tilde{z}_1^{(K)} = \tilde{p} \cdot \tilde{w}_1 \cdot \tau - K(\tau) + x \cdot (w_{0,1}^{(f)} - \tilde{w}_1). \tag{141}$$

Infolge der stochastischen Unabhängigkeit von $\tilde{p}$ und $\tilde{w}_1$ sind die Fremdwährungserlöse $\tilde{p} \cdot \tau^*$ für gegebene fixierte (optimale) Produktionsmenge τ^* ebenfalls unabhängig vom künftigen Kassakurs. Der optimale Devisenterminverkauf für gegebenes τ^* kann daher unmittelbar angegeben werden:

$$x^* = E(\tilde{p}) \cdot \tau^* + \frac{w_{0,1}^{(f)} - E(\tilde{w}_1)}{\alpha \cdot Var(\tilde{w}_1)}. \tag{142}$$

Die Richtigkeit der Formel (142) ist schnell erläutert. Allgemein wurde im Abschnitt 4 aus Kapitel III. des Lehrbuchs nachgewiesen, daß sich jede μ-σ-effiziente Kurssicherungsstrategie für gegebenes exogenes Grundgeschäft $\tilde{z}_1$ aus einer Linearkombination eines von $\tilde{z}_1$ abhängigen Hedgingportefeuilles und eines von $\tilde{z}_1$ unabhängigen Spekulationsportefeuilles ermittelt. Das Hedgingportefeuille minimiert hierbei die Varianz der insgesamt anfallenden DM-Einzahlungen $\tilde{z}_1^{(K)}$ unter Einbezug der monetären Konsequenzen der in Erwägung gezogenen Kurssicherungsinstrumente. Für den Fall, daß die ungesicherten Fremdwährungserlöse, hier: $\tilde{p} \cdot \tau^*$, stochastisch unabhängig vom künftigen Wechselkurs $\tilde{w}_1$ sind und Devisenforwards geeigneter Fälligkeit und Währung zur Verfügung stehen, erhält man $x^{(H)} = E(\tilde{e}_1)$, hier also: $x^{(H)} = E(\tilde{p}) \cdot \tau^*$. Der entsprechende Nachweis wurde auf S. 203, 232 f. des Lehrbuchs erbracht. Auch die Struktur des Spekulationsportefeuilles wurde bereits ermittelt, nämlich im Rahmen der Analyse der Kurssicherungsentscheidung mittels Devisenforwards bei sicheren künftigen Fremdwährungserlösen auf S. 193 des Lehrbuchs. Wie bereits angemerkt, ist das Spekulationsportefeuille in seiner Struktur unabhängig vom zugrunde gelegten unternehmerischen Grundgeschäft.[28] Deswegen erhält man auch für das hier be-

---

[28] Dies ist übrigens ein weiterer Grund, warum im Lehrbuch die Analyse schwerpunktmäßig auf die Bestimmung von Hedgingportefeuilles ausgerichtet ist: Im Ein-Perioden-Kontext ist nur die Struktur des Hedgingportefeuilles abhängig vom betrachteten Grundgeschäft, während das Spekulationsporte-

trachtete konkrete Entscheidungsproblem das gleiche Spekulationsportefeuille $x^{(S)} = [w_{0,1}^{(f)} - E(\tilde{w}_1)] / \text{Var}(\tilde{w}_1)$.

Etwas aufwendiger ist die Bestimmung der optimalen unternehmerischen Produktionsentscheidung. Hierfür ist es in der Tat zunächst erforderlich, $E(\tilde{z}_1^{(K)})$ und $\text{Var}(\tilde{z}_1^{(K)})$ auf der Grundlage von (141) mit Voraussetzung $x = x^*$ (für zunächst beliebig unterstellte Produktionsmenge τ) zu beschreiben.

$$\mu \equiv E(\tilde{z}_1^{(K)}) = E(\tilde{p}) \cdot E(\tilde{w}_1) \cdot \tau - K(\tau) + x^* \cdot [w_{0,1}^{(f)} - E(\tilde{w}_1)],$$

$$\begin{aligned}
\sigma^2 &\equiv \text{Var}(\tilde{z}_1^{(K)}) \\
&= \text{Var}(\tilde{p} \cdot \tilde{w}_1 \cdot \tau - x^* \cdot \tilde{w}_1) \\
&= \text{Var}[(\tilde{p} \cdot \tau - x^*) \cdot \tilde{w}_1] \\
&= \text{Var}(\tilde{p} \cdot \tau - x^*) \cdot \text{Var}(\tilde{w}_1) + E^2(\tilde{p} \cdot \tau - x^*) \cdot \text{Var}(\tilde{w}_1) + E^2(\tilde{w}_1) \cdot \text{Var}(\tilde{p} \cdot \tau - x^*) \\
&= \tau^2 \cdot \text{Var}(\tilde{p}) \cdot [\text{Var}(\tilde{w}_1) + E^2(\tilde{w}_1)] + [E(\tilde{p}) \cdot \tau - x^*]^2 \cdot \text{Var}(\tilde{w}_1).
\end{aligned} \quad (143)$$

Im Rahmen der Umformung von (143) wurde der Umstand genutzt, daß aus stochastischer Unabhängigkeit von $\tilde{p}$ und $\tilde{w}_1$ die Gleichheit von $\text{Var}[(\tilde{p} \cdot \tau - x) \cdot \tilde{w}_1]$ und $\text{Var}(\tilde{p} \cdot \tau - x) \cdot \text{Var}(\tilde{w}_1) + E^2(\tilde{p} \cdot \tau - x) \cdot \text{Var}(\tilde{w}_1) + E^2(\tilde{w}_1) \cdot \text{Var}(\tilde{p} \cdot \tau - x)$ folgt.[29] Die von der Unternehmerin zu maximierende Präferenzfunktion $\Phi(\mu, \sigma^2)$ bestimmt sich damit gemäß

$$\begin{aligned}
\Phi(\mu, \sigma^2) = {} & E(\tilde{p}) \cdot E(\tilde{w}_1) \cdot \tau - K(\tau) + x^* \cdot [w_{0,1}^{(f)} - E(\tilde{w}_1)] \\
& -0{,}5 \cdot \alpha \cdot \{\tau^2 \cdot \text{Var}(\tilde{p}) \cdot [\text{Var}(\tilde{w}_1) + E^2(\tilde{w}_1)] + [E(\tilde{p}) \cdot \tau - x^*]^2 \cdot \text{Var}(\tilde{w}_1)\}.
\end{aligned} \quad (144)$$

---

feuille für gegebene Kurssicherungsinstrumente stets das gleiche ist, also auch nur einmal ermittelt werden muß.

[29] Vgl. hierzu auch den mathematischen Anhang des Lehrbuchs auf S. 326 f.

Die Ableitung von (144) nach τ liefert nach Nullsetzung und Einsetzen von x^* gemäß (142) als Bestimmungsgleichung für die optimale unternehmerische Produktionsmenge

$$E(\tilde{p}) \cdot w_{0,1}^{(f)} - K'(\tau^*) - \alpha \cdot \tau^* \cdot Var(\tilde{p}) \cdot [Var(\tilde{w}_1) + E^2(\tilde{w}_1)] = 0. \qquad (145)$$

Im Unterschied zur Situation mit sicherem künftigen US-$-Absatzpreis tritt hier dementsprechend ein weiterer Term $\alpha \cdot \tau^* \cdot Var(\tilde{p}) \cdot [Var(\tilde{w}_1) + E^2(\tilde{w}_1)]$ hinzu, der zugleich bedingt, daß die optimale Produktionsmenge τ^* trotz des vorhandenen Zugangs zu Devisenforwardgeschäften geeigneter Fälligkeit und Währung nicht mehr präferenz- und wechselkursrisikounabhängig festgelegt werden kann. Das im Lehrbuch auf S. 302 ff. vorgestellte Separationstheorem hinsichtlich des Verhältnisses von Produktions-/Hedgingentscheidung einerseits und Spekulationsentscheidung andererseits besteht hier daher nicht mehr. Die Ursache liegt in der nunmehr gegebenen Unmöglichkeit eines "Perfect Hedge" begründet. Dessen Durchführbarkeit erweist sich generell als konstitutiv zur Herleitung von Separationsergebnissen der im Lehrbuch auf S. 302 ff. vorgestellten Art.[30]

Im Vergleich zur durch Gleichung (140) beschriebenen Situation ohne Terminmarktzugang ergeben sich über (145) zwei relevante Änderungen. Zum einen wird im ersten Summanden der erwartete Kassakurs $E(\tilde{w}_1)$ durch den Terminkurs $w_{0,1}^{(f)}$ ersetzt. Sofern $w_{0,1}^{(f)} > E(\tilde{w}_1)$ gilt, wirkt dies ceteris paribus produktionserhöhend, für $w_{0,1}^{(f)} < E(\tilde{w}_1)$ hingegen produktionsmindernd. Bei Gültigkeit der Terminkurstheorie der Wechselkurserwartung ist diese Substitution völlig neutral. In jedem Falle positiv wirkt jedoch die Verringerung der Grenzrisikokosten um den Summanden $\alpha \cdot \tau^* \cdot E^2(\tilde{p}) \cdot Var(\tilde{w}_1)$. Hier machen sich die das Wechselkursrisiko reduzierenden unternehmerischen Kurssicherungsmaßnahmen bemerkbar. Nicht reduziert werden kann hier durch Kurssicherungsmaßnahmen jedoch das unternehmerische Absatzpreisrisiko, das in der Varianz von $\tilde{p}$ zum Ausdruck

---

[30] Eine umfassende Auseinandersetzung mit den Bedingungen, unter denen sich eine Separation der unternehmerischen Produktionsentscheidung von den Präferenzen und dem Ausmaß des Wechselkursrisikos herleiten läßt, findet sich insbesondere bei *Adam-Müller* (1995).

kommt und ein Separationsergebnis verhindert.

Aufgabe 5:

Auf der Grundlage der gegebenen Daten erhält man für die optimale Produktionsmenge im Falle ohne unternehmerischen Terminmarktzugang durch Einsetzen in (140):

$$60 \cdot 1 - 2 \cdot 3 \cdot \tau^* - 0{,}02 \cdot \tau^* \cdot (100 \cdot 0{,}2 + 60^2 \cdot 0{,}2 + 1 \cdot 100) = 0$$

$$\Leftrightarrow \tau^* = \frac{50}{19} \approx 2{,}6316 \text{ ME,} \tag{146}$$

also (natürlich) eine geringere optimale Produktionsmenge als ceteris paribus im Fall ohne Absatzpreisrisiko. Das auf S. 299 des Lehrbuchs präsentierte Zahlenbeispiel 23 hat nämlich genau diesen letzteren Fall zum Gegenstand gehabt und hierbei zu einer optimalen Produktionsmenge von ungefähr 2,94 ME geführt.

In analoger Weise kann durch Rückgriff auf (145) die optimale unternehmerische Produktionsmenge bei Verfügbarkeit von Devisenforwardgeschäften ermittelt werden:

$$60 \cdot 1 - 2 \cdot 3 \cdot \tau^* - 0{,}02 \cdot \tau^* \cdot 100 \cdot (0{,}2 + 1) = 0$$

$$\Leftrightarrow \tau^* = \frac{50}{7} \approx 7{,}1429 \text{ ME,} \tag{147}$$

also deutlich mehr als in einer Situation ohne Verfügbarkeit von Devisenforwardgeschäften (und zwar sogar im Vergleich zum Fall mit sicherem künftigen US-$-Absatzpreis gemäß dem Zahlenbeispiel 23 aus dem Lehrbuch), aber (natürlich) weniger als bei Zugang zu Devisenforwardgeschäften und Abstraktion vom Absatzpreisrisiko.[31] Infolge der Gültigkeit der Terminkurstheorie läßt sich auch das zugehörige optimale unternehmerische Terminengagement leicht ermitteln:

---

[31] Siehe zu letzterem Szenario das Zahlenbeispiel 25 aus dem Lehrbuch auf S. 304.

Die Unternehmerin wird in t = 0 Devisen im Umfang von ungefähr 60·7,1429 ≈ 428,57 US-$ per Termin t = 1 verkaufen.

Literaturverzeichnis

Adam-Müller, A. F. A. (1995): Internationale Unternehmensaktivität, Wechselkursrisiko und Hedging mit Finanzinstrumenten.

Black, F. (1990): Equilibrium Exchange Rate Hedging, in: Journal of Finance, Vol. 45, S. 899-907.

Brandenberger, S. (1995): Universal Currency Hedging, in: Finanzmarkt und Portfolio Management, 9. Jg., S. 458-481.

Breuer, W. (1995): Finanzhedging bei Auslandsdirektinvestitionen, in: WiSt - Wirtschaftswissenschaftliches Studium, 24. Jg., S. 105-107.

Breuer, W. (1996): Hedging und Spekulation mit Devisentermingeschäften, in: WiSt - Wirtschaftswissenschaftliches Studium, 25. Jg., S. 601-604.

Breuer, W. (1997): Unternehmerische Investitions- und Finanzierungsentscheidungen bei Verfügbarkeit von Devisenforwardgeschäften, in: Zeitschrift für betriebswirtschaftliche Forschung, Sonderheft 38, 49. Jg., S. 191-225.

Breuer, W. (1998): Stellungnahme zu "Hedgingmodelle, Unternehmensproduktion und antizipatorisch-simultanes Risikomanagement" von Wolfgang Kürsten, Zeitschrift für betriebswirtschaftliche Forschung, 50. Jg. (1998), S. 49-53.

Breuer, W. (2000): Hedging und Reputationsaufbau auf Terminmärkten, in: Kredit und Kapital, 33. Jg., demnächst.

Breuer, W./Gürtler, M. (1999): Hedging of Currency Risk Exposures and International Invitations for Tenders. A Numerical Analysis, unveröffentlichtes Manuskript.

Breuer, W./Gürtler, M./Schuhmacher, F. (1999): Portfoliomanagement, demnächst.

Gintschel, A. (1999): Ein allgemeines Binomialmodell zur Bewertung von Realoptionen, in: Kredit und Kapital, 32. Jg., S. 60-84.

Hartmann-Wendels, T. (1991): Rechnungslegung der Unternehmen und Kapitalmarkt aus informationsökonomischer Sicht.

Howard, C. T./D'Antonio, L. J. (1991): Multiperiod Hedging Using Futures: A Risk Minimization Approach in the Presence of Autocorrelation, in: Journal of Futures Markets, Vol. 11, S. 697-710.

Huang, C.-f./Litzenberger, R. H. (1993): Foundations for Financial Economics.

Langer, T. (1999): Alternative Entscheidungskonzepte in der Banktheorie.

Neus, W. (1989): Ökonomische Agency-Theorie und Kapitalmarktgleichgewicht.

Ohlson, J. A. (1975): The Asymptotic Validity of Quadratic Utility as the Trading Interval Approaches Zero, in: *W. T. Ziemba/R. G. Vickson* (Hrsg.), Stochastic Optimization Models in Finance, S. 221-234.

Rohatgi, V. K. (1976): An Introduction to Probability Theory and Mathematical Statistics.

Rudolph, B. (1979): Kapitalkosten bei unsicheren Erwartungen.

Takayama, A. (1985): Mathematical Economics, 2. Auflage.